Petra Focks

**Starke Mädchen, starke Jungs**

Petra Focks

# Starke Mädchen, starke Jungs

Leitfaden für eine geschlechtsbewusste Pädagogik

FREIBURG · BASEL · WIEN

Gedruckt auf umweltfreundlichem,
chlorfrei gebleichtem Papier

Umschlaggestaltung: Joseph Pölzelbauer, Freiburg
Umschlagfoto: Albert Josef Schmidt, Freiburg

Alle Rechte vorbehalten – Printed in Germany
© Verlag Herder Freiburg im Breisgau 2002
www.herder.de
Satz: Barbara Herrmann, Freiburg
Druck und Bindung: fgb · freiburger graphische betriebe 2002
www.fgb.de
ISBN 3-451-27788-3

# Inhalt

Einleitung .................................................. 7

**1 Warum brauchen wir eine geschlechtsbewusste Pädagogik?** ................................................ 12
1.1 Wie wir Weiblichkeit und Männlichkeit herstellen – Geschlecht als soziale Praxis ........................ 13
1.2 Wie Stereotype das menschliche Zusammenleben organisieren – Geschlecht als gesellschaftliches Strukturprinzip ...................................... 22
1.3 Der kleine Unterschied und seine Folgen – Soziale Ungleichheiten in den Geschlechterverhältnissen .... 28

**2 Die theoretischen Grundlagen geschlechtsbewusster Pädagogik** ............................................. 33
2.1 Gleichberechtigung herstellen: Die Gleichheitsperspektiven ........................ 36
2.2 Unterschiede produktiv machen: Die differenztheoretischen Perspektiven ............. 40
2.3 Handlungsräume offen halten: Die (de-)konstruktivistischen Perspektiven ......... 47

**3 Zur Bedeutung von Sozialisation und lebensweltlichen Zusammenhängen** ..................................... 55
3.1 Wie die Geschlechtszugehörigkeit die Persönlichkeitsentwicklung beeinflusst – Doing Gender von Kindheit an .................................... 55

3.2 Wie kindliche Handlungsspielräume eingeengt werden – Soziale Probleme durch ungleiche Geschlechterverhältnisse .............................. 75
3.3 Geschlechtsidentitäten variieren – Herausforderungen in veränderten Lebenswelten ........................ 79
3.4 Möglichkeiten und Grenzen geschlechtsbewusster Pädagogik in Kindertageseinrichtungen .............. 83

**4 Die Praxis der geschlechtsbewussten Pädagogik** ....... 87
4.1 Die pädagogische Haltung ........................... 87
4.2 Die Handlungsansätze geschlechtsbewusster Pädagogik ............................................. 99
4.3 Die Arbeitsformen geschlechtsbewusster Pädagogik .. 100
4.4 Herausforderungen an die Pädagogin und den Pädagogen ........................................... 105

**5 Bausteine geschlechtsbewusster Pädagogik für Kindertageseinrichtungen** .............................. 108
5.1 Erster Baustein: Selbstreflexion und Teamgespräch ... 113
5.2 Zweiter Baustein: Beobachtung und Veränderung des Alltags ............................................... 128
5.3 Dritter Baustein: Beteiligung von Mädchen und Jungen ................................................ 136
5.4 Vierter Baustein: Bewältigungsstrategien von Mädchen und Jungen erkennen und neue Erfahrungen ermöglichen ......................................... 146
5.5 Fünfter Baustein: Elternarbeit, Gemeinwesenorientierung und Öffentlichkeitsarbeit ................ 166

Schlussbemerkung ........................................ 172

Literatur .................................................. 173

# Einleitung

Immer mehr setzt sich die Erkenntnis durch, dass wir bereits in Kindertageseinrichtungen eine geschlechtsbewusste Pädagogik brauchen. Denn in dieser Zeit werden wesentliche Impulse gesetzt für den Erwerb der geschlechtlichen Identitäten von Mädchen und Jungen. Hier werden die Weichen dafür gestellt, ob Kinder ihre Geschlechtsrollen und -identitäten auf eine Weise ausgestalten können, die ihren individuellen Fähigkeiten und Interessen entsprechen oder eben nicht. Denn Mädchen und Jungen setzen sich aktiv mit der sie umgebenden Umwelt und damit auch mit den Geschlechterverhältnissen auseinander. Gerade im Kindergartenalter experimentieren sie mit den Präsentationsweisen von „Weiblichkeit" und „Männlichkeit" in unserer Kultur und setzen diese zu sich selbst in Beziehung. Daher ist es notwendig, Mädchen und Jungen bei dieser Erprobung und Inszenierung aufmerksam zu begleiten.

Wenn Kinder während dieser Zeit nicht darin bestärkt werden, ihr Mädchen- oder Junge-Sein so auszuleben, wie es ihnen entspricht, wenn ihnen keine Spielräume in der Identitätsentwicklung ermöglicht und keine Alternativen zu herkömmlichen Geschlechterrollen geboten werden, orientieren sie sich oft an den traditionellen Bildern von Frauen und Männern. Dies zementiert nicht nur die bestehenden ungleichen Geschlechterverhältnisse, sondern kann sich oft negativ auf die Entwicklung der Kinder auswirken.

Um dem Geschlechterstereotyp vom „starken Jungen" zu genügen, überschätzen manche Jungen ihre körperlichen Möglichkeiten und riskieren häufig nicht nur Schrammen, sondern sogar Verletzungen bei sich und anderen. Sie lernen, dass Angst, Hilflosigkeit und Schwäche „nicht zu Männern gehört" und spalten diese Gefühle von sich ab. Bei den Mädchen zeigt sich bereits im Kindergarten oft ein selbsteinschränkendes Verhalten: Sie leben ihre Bedürfnisse nach Aktivität oder raumgreifendem Verhalten häufig nicht aus, weil „Mädchen eben nicht so sind". Ihre Konfliktbewältigungsversuche richten sich zunehmend „nach innen", teilweise sogar gegen den eigenen Körper.

Geschlechtsbewusste Pädagogik im Bereich der Kinder- und Jugendhilfe wird aus diesen Gründen nicht nur gebraucht, sondern wir sind zu ihr beauftragt worden. Im Kinder- und Jugendhilfegesetz wird ausdrücklich eine geschlechtsdifferenzierende Betrachtungsweise eingefordert: „Bei der Ausgestaltung der Leistungen und der Erfüllung der Aufgaben sind die unterschiedlichen Lebenslagen von Mädchen und Jungen zu berücksichtigen, Benachteiligungen abzubauen und die Gleichberechtigung von Mädchen und Jungen zu fördern."[1]

Seit 1996 gibt es zudem als EU-Richtlinie für die verschiedenen Mitgliedstaaten eine für verbindlich erklärte neue Strategie zur Herstellung von Chancengleichheit zwischen den Geschlechtern. In diesem sogenannten „Gender Mainstreaming-Ansatz"[2] wird davon ausgegangen, dass die Kategorie Geschlecht in allen gesellschaftlichen Bereichen eine Rolle spielt. Im Sinne dieses Ansatzes wird auch auf Kindergärten, Kindertagesstätten und Horte die Herausforderung zukommen, konzeptionelle Veränderungsansätze zur Gleichstellung von Mädchen und Jungen zu entwickeln.

Wie lassen sich diese Erkenntnisse und Anforderungen in die Praxis umsetzen? Das Ziel geschlechtsbewusster Pädagogik ist es, Mädchen und Jungen – jenseits von Geschlechterklischees –

---

[1] § 9, Absatz 3, KJHG.
[2] Europarat 1998.

in ihren individuellen Interessen und Fähigkeiten zu fördern. Es geht darum, ihnen vielfältige Möglichkeiten des Mädchen- und Junge-Seins zu ermöglichen, damit sie sich zu starken Persönlichkeiten entwickeln können. Was aber heißt „starke Mädchen" und „starke Jungs"? Welche Wünsche, Bedürfnisse und Probleme haben sie? Welche individuellen Ressourcen und Fähigkeiten sollen gefördert und welche Benachteiligungen abgebaut werden? Was sollen sie erleben und erlernen und wie können wir sie so fördern, dass sie stark genug sind, mit dem, was in ihrem Leben auf sie zukommt, umgehen zu können?

Das vorliegende Buch beschäftigt sich ausführlich mit diesen Fragen und ist als Leitfaden für eine geschlechtsbewusste Pädagogik konzipiert. Es vermittelt das notwendige theoretische und praktische Wissen, um Kindertageseinrichtungen zu einem pädagogischen Handlungsraum werden zu lassen, in dem sich Mädchen und Jungen selbstbestimmt entwickeln können und geschlechtsspezifische und soziale Ungleichheiten abgebaut werden.

Im ersten Kapitel wird diskutiert, warum es gar nicht so einfach ist, Mädchen und Jungen jenseits von Geschlechterstereotypen zu fördern und warum wir eine geschlechtsbewusste Pädagogik brauchen. Ein wichtiger Aspekt dieses Abschnitts ist die Selbstreflexion. Da wir als Pädagoginnen und Pädagogen selbst in eine geschlechterungleiche Gesellschaft hineinsozialisiert worden sind, besteht die Gefahr, dass wir ungewollt und unbewusst das ungleiche Geschlechterverhältnis reproduzieren. Daher ist es unerlässlich, sich mit dem eigenen Frau- bzw. Mannsein sowie mit der eigenen Berufsrolle auseinander zu setzen und die alltägliche Interaktion der Kinder untereinander und jene zwischen Erwachsenen und Kindern geschlechtsbewusst und hierarchiekritisch zu reflektieren und zu gestalten.

Jegliches pädagogische Handeln wird von unseren theoretischen Vorannahmen mit bestimmt. Je nachdem, welches Bild wir von Männern und Frauen und ihrem Verhältnis zueinander haben, werden wir unterschiedliche Akzente in unseren pädagogischen Herangehensweisen setzen. Aus diesem Grund widmet sich das zweite Kapitel den verschiedenen Theorieansätzen zur geschlechtsbewussten Pädagogik.

Das dritte Kapitel beschäftigt sich mit Kindheit, Lebenswelt und Sozialisation von Mädchen und Jungen. Nur auf dieser Grundlage können wir mit entsprechenden Spiel- und Lernangeboten die Sozialisationsprozesse von Kindern so unterstützen, dass sie ihnen eine weitgehend freie Gestaltung ihrer Geschlechtsrollen ermöglichen.

Vor diesem Hintergrund wird im vierten Kapitel die Praxis der geschlechtsbewussten Pädagogik vorgestellt: die ihr zugrundeliegende pädagogische Haltung, ihre Handlungsansätze und Arbeitsformen.

Im fünften und letzten Kapitel werden die Überlegungen zu einem Baukasten-Modell für die praktische Umsetzung geschlechtsbewusster Pädagogik in Kindertageseinrichtungen zusammengeführt. Die Anregungen beziehen sich nicht nur auf die Arbeit mit den Kindern, sondern auch auf die Auseinandersetzung mit sich selbst, im Team, mit den Eltern und der weiteren Öffentlichkeit.

Geschlechtsbewusste Pädagogik ist kein vorgefertigtes Konzept, das zusätzlich zur alltäglichen Arbeit angeboten wird. Viel mehr ist sie eine Grundhaltung, die den Blick auf die Lebenswelten von Mädchen und Jungen sowie auf die ungleichen Geschlechterverhältnisse schärft. Daher geht es in diesem letzten Kapitel auch darum, die Reflexionskompetenz zu erweitern, um Angebote zur geschlechtsbewussten Pädagogik situationsbezogen in der eigenen Einrichtung umzusetzen.

In dieser Verbindung aus Information, Reflexion und praktischer Anregung richtet sich das Buch an Kolleginnen und Kollegen in Kindergarten, Kindertagesstätte und Hort, an FachberaterInnen, MitarbeiterInnen bei den Trägern, LehrerInnen und

SchülerInnen an Fachschulen, SozialpädagogInnen in Fort- und Weiterbildung und StudentInnen der Pädagogik und der Sozialen Arbeit. Es richtet sich an Männer und Frauen, die sich in ihrer pädagogischen Arbeit auf den spannenden Prozess einlassen wollen, mit Kindern neue Wege und Inhalte geschlechtlicher Identitäten zu erproben.

Dieses Buch konnte nur entstehen durch die Gewährung eines Freiraums im Rahmen eines von der Katholischen Fachhochschule Berlin gewährten Forschungsfreisemesters. Dieser wunderbare Freiraum gab mir die Möglichkeit meine langjährigen Erfahrungen und Erkenntnisse auf den Elementarbereich zu beziehen und weiter zu entwickeln. In diesem Zusammenhang möchte ich vor allem auch meinen Kolleginnen und Kollegen danken, mit denen ich gemeinsam den Studienschwerpunkt Geschlechterdifferenzierende Soziale Arbeit (Gender Studies) an der KFB entwickelt und durchgeführt habe. Für die anregenden Diskussionen und die Lust an der gemeinsamen Arbeit sowie auch für das Korrekturlesen einzelner Kapitel dieses Buches danke ich vor allem Anke Bührmann, Andreas Lob-Hüdepohl, Stephan Höyng und Anja Pennemann. Auch Franziska und Franz-Josef Focks sei gedankt, bei denen ich während meines Forschungsfreisemesters einige schöne Wochen verbringen und in Ruhe an diesem Buch arbeiten konnte. Mein Dank gilt vor allem auch Georg Ries, der mich immer unterstützt und mich vor allem in den letzten Monaten von allen Alltagsverpflichtungen entlastet hat. Nicht zuletzt möchte ich der Lektorin des Herder Verlages Sigrid Weber für ihre engagierte Zusammenarbeit danken.

# 1 Warum brauchen wir eine geschlechtsbewusste Pädagogik?

Unsere Gewissheiten und unsere Erwartungen, wie Frauen und Männer bzw. Mädchen und Jungen sich verhalten, geraten meist erst ins Wanken, wenn sie durchbrochen oder irritiert werden. Dann vor allem wird die soziale Prägung des Geschlechts sichtbar. Nehmen wir das Beispiel eines sechsjährigen Mädchens, das ein Lebensmodell entwirft, demzufolge es als Erwachsene mit Freundin, Mann und Kindern zusammen leben und Fußballstar sein will. Oder denken wir an den Jungen, der unbedingt mit einem Kleid in den Kindergarten gehen möchte. Diese Beispiele mögen uns amüsieren oder irritieren. Insbesondere wenn Jungen und Männer Verhaltensweisen zeigen, die als typisch weiblich gelten oder sich mit Weiblichkeit verbundene Symbole aneignen, zeigt sich nicht nur, dass vieles was bei Frauen als normal, bei Männern als nicht normal gilt und umgekehrt. Es zeigt sich vor allem auch, dass die Unterschiede bewertet, also direkt mit der Hierarchisierung der Geschlechtergruppen verbunden werden. In unserer Kultur wird „Weiblichkeit" nicht nur als etwas eindeutig anderes als „Männlichkeit" angesehen, sondern dieses Andere wird auch geringer bewertet. Wir leben also in einem kulturellen System der Zweigeschlechtlichkeit.

Geschlechtsbewusste Pädagogik zielt deshalb nicht etwa darauf ab, ein neues Bild vom „richtigen Mädchen" und vom „richtigen Jungen" festzulegen. Vielmehr geht es um Prozesse sozialen Lernens, die Kindern Spielräume in ihrer Identitätsentwicklung eröffnen.[1]

---

[1] Vgl. Bereswill 1998, S. 9.

Warum es in unserer Kultur gar nicht so einfach ist Mädchen und Jungen – jenseits von Geschlechterstereotypen – zu fördern und wir eine geschlechtsbewusste Pädagogik brauchen, soll im Folgenden genauer erläutert werden.

## 1.1 Wie wir Weiblichkeit und Männlichkeit herstellen – Geschlecht als soziale Praxis

Wenn wir in unserem alltäglichen Leben Menschen mit ihren Handlungen, Gefühlen und Eigenschaften erleben, nehmen wir diese nicht „objektiv" wahr, sondern immer auch unter geschlechtlichen Gesichtspunkten. Das heißt, wir *„vergeschlechtlichen"* in unserer Kultur Dinge und Menschen, wir klassizfieren unser Umfeld nach den Kategorien männlich oder weiblich und ordnen sie dementsprechend ein. Nehmen wir beispielsweise die Verkäuferin, die die Farbe rosa als unpassend für einen männlichen Säugling erklärt oder den Kunsthistoriker, der runde und eckige Formen in einem abstrakten Gemälde als weiblich und männlich interpretiert.

Auch menschliches Denken, Fühlen und Handeln wird geschlechtsspezifisch ein- und zugeordnet: Ob es das aggressive und laute Kind im Hort ist, das von einem Vater sofort als „Junge" identifiziert wird oder die Patientin, die bei der Visite den Krankenpfleger für den Arzt hält und die Ärztin für die Krankenschwester.

Die Geschlechtszugehörigkeit wird jedoch nicht immer aufgrund des tatsächlichen Verhaltens beurteilt. Ausgehend von der Geschlechtszugehörigkeit werden Verhaltensmuster und Eigenschaften auch zugeschrieben. So meinen wir als Erwachsene beispielsweise zu wissen, wie Mädchen denken, fühlen und handeln, wie sie sich entwickeln werden und wie das alles bei Jungen ist. Wir meinen zu wissen, was Mädchen oder Jungen sich wünschen, was sie gut und weniger gut können, ob sie technische oder soziale Berufe wählen werden, ob und welchen Beitrag sie an Kindererziehung oder Hausarbeit übernehmen werden etc. Diese Einschätzungen, Vorannahmen und Zuschreibungen sind in unserem Alltag fest verankert und beeinflussen – meist ungewollt und unbewusst – unsere Wahrnehmung und die Interpretation unseres Umfeldes – aber auch unser eigenes Verhalten.

Für den sozialen Status von Menschen sind daher physiologische Unterschiede, wie z. B. primäre oder sekundäre Geschlechtsmerkmale, Entwicklungsstufe, Gewicht, Größe und Hautfarbe, nur sehr grobe Anhaltspunkte. Sie sind nicht der Ursprung des sozialen Geschlechterstatus. Wie auch immer der Beitrag von Genen, Hormonen und biologischer Evolution aussehen mag, immer ist er materiell und qualitativ durch die soziale Praxis verändert. Die Frauen- und Geschlechterforschung unterscheidet deshalb zwischen „sex", dem durch Anatomie, Physiologie und Hormonen festgelegten biologischen Geschlecht und „gender", dem sozial und kulturell erworbenen Geschlecht.[2] Gender, das soziale Geschlecht, wird sowohl zugeschrieben als auch aktiv in der alltäglichen Interaktion erworben.

## Gender – Geschlecht wird zugeschrieben

Wenn wir uns durch den Alltag bewegen, Situationen wahrnehmen, Entscheidungen treffen und handeln, möchten wir gerne glauben, dass wir das souverän und nach Maßgabe unserer eigenen Wertvorstellungen tun. Den Rahmen für diese individuellen Strategien bilden allerdings soziale Konzepte, die Wahr-

---

[2] Lorber 1999, S. 60.

nehmung, Denken, Verhalten und Gefühle auf unterschiedlichen Ebenen beeinflussen. Dazu gehören u. a.:
- *Gesellschaftliche Normen*: Darunter versteht man mehr oder weniger verbindliche, allgemein geltende Vorschriften für menschliches Handeln. Soziale Normen legen fest, was in spezifischen, sich widerholenden Situationen geboten und verboten ist. Normen werden durch Sanktionen abgesichert und im Laufe der Sozialisation verinnerlicht.[3]
- *Stereotype*: Das sind eingebürgerte Vorstellungen, Klischees und Vorurteile, die sich in einer Gruppe oder in der Gesellschaft eingebürgert haben und ständig wiederholt werden.
- *Alltagstheorien*: Es handelt sich hierbei um vereinfachte und wissenschaftlich nicht begründete Erklärungsmuster. Alltagstheoretische Erklärungsmuster beruhen nicht auf empirischen Untersuchungen oder wissenschaftlichen Fakten, sondern häufig auf Stereotypen, die sich in bestimmten Gruppen oder in der Gesamtgesellschaft eingebürgert haben.
- *Verhaltenstypisierungen bzw. soziale Praktiken*: Das Verhalten von Menschen ist nicht nur spontan und individuell, sondern folgt auch vorgegebenen Wegen. Kleidung, Körpersprache, Umgangsweisen mit Konflikten usw. entsprechen häufig kultur- und zeittypischen sozialen Praktiken.

Stereotype, Normen und Alltagstheorien sind soziale Konzepte, die zeit- und kulturspezifisch sind und über die jeder Mensch verfügt. Sie leiten unsere Wahrnehmung und die Interpretation dessen, was in uns und um uns herum geschieht. Soziale Konzepte werden gesellschaftlich vermittelt und im Laufe der Sozialisation aktiv angeeignet. In der alltäglichen Interaktion werden Stereotype, Normen und Alltagstheorien häufig reproduziert und verstärkt. So werden sie verinnerlicht und wirken vielfach

---
[3] Vgl. Peuckert 1992, S. 217.

ganz individuell und naturgegeben. Dennoch sind sie variabel und veränderbar.

Die wichtigste Funktion sozialer Konzepte besteht darin, nicht jede Situation neu interpretieren und eine geeignete Reaktion dafür finden zu müssen. Sie erleichtern die Einordnung von Erlebnissen und helfen, komplexe Zusammenhänge und Situationen zu vereinfachen und zu vereinheitlichen. Anders ausgedrückt: Soziale Konzepte und Verhaltenstypisierungen erleichtern uns unseren Alltag und unser soziales Zusammenleben – zugleich aber schränken sie die Wahrnehmung und das Spektrum möglicher Verhaltensweisen stark ein.

Häufig geschieht das vor- oder unbewusst. So zeigt auch die Untersuchung von Snyder und Uranowitz, wie Stereotype, Normen und Alltagstheorien die Wahrnehmung, das Denken und das Handeln beeinflussen und sogar die Erinnerungen prägen:

> Die amerikanischen Sozialwissenschaftler Snyder und Uranowitz ließen 212 männliche und weibliche Studenten die fiktive Fallgeschichte einer Betty K. lesen. In diesem Bericht waren einige Informationen über Bettys Kindheit, über ihr Elternhaus, ihre Beziehungen während der Ausbildungszeit und schließlich über ihre Berufserfahrungen enthalten.
> Die Studenten wurden gebeten, sich diese Angaben möglichst genau zu merken. Kurze Zeit später wurde der einen Gruppe eröffnet, dass Betty lesbisch gewesen sei, der anderen Gruppe sagte man, sie sei heterosexuell.
> Eine Woche später bekamen die Studenten einen Fragebogen mit 36 Mehrfachwahl-Antworten, der testen sollte, was sie noch über Bettys Fallgeschichte wussten. Die Verteilung der Antworten war aufschlussreich. (…) Die Gruppe, der angegeben worden war, dass Betty lesbisch sei, (…) kreuzte (…) die Antworten an, dass sie von ihrem Vater missbraucht worden sei und ziemlich unattraktiv war. (…) Die Gruppe mit der In-

formation über die heterosexuelle Orientierung Bettys gab hingegen an, dass sie eine recht glückliche Kindheit verlebt hatte und hübsch aussah.
Beiden Gruppen war wohlgemerkt die gleiche unverfängliche Lebensgeschichte zum Lesen gegeben worden, die (...) Details wie sexueller Missbrauch oder Attraktivität gar nicht enthalten hatte. Trotzdem wählten nur wenige die Antwort „Ich weiß nicht".[4]

Wie kommt diese Fehlleistung zustande? Noch Ende der siebziger Jahre waren die Vorstellungen von Homosexualität von abwertenden Normen, Stereotypen und Alltagstheorien geprägt. So wird in beiden Gruppen die normative Vorstellung deutlich, dass Heterosexualität die allgemein gültige sexuelle Orientierung ist. Homosexualität hingegen wird als abweichendes Verhalten betrachtet, das erklärt werden muss. Die alltagstheoretische Begründung lautet, dass lesbische Frauen „schlechte Erfahrungen" mit Männern gemacht haben. In diesen Erklärungsversuchen finden sich zahlreiche Stereotype wieder, wie z. B. „Lesben haben eine unglückliche Kindheit", „Lesben wurden von ihren Vätern sexuell missbraucht", „Lesben sind unattraktiv." Konsequenz dieses Interpretationsnetzes aus Normen, Stereotypen und Alltagstheorien ist eine Abwertung von lesbischen Frauen.

An dem Beispiel zeigt sich, wie soziale Konzepte die menschliche Wahrnehmung beeinflussen. Vor dem Hintergrund der gültigen kulturellen Normen, der jeweils herrschenden Stereotype sowie der eigenen Alltagstheorien werden Situationen, Erlebnisse und andere Menschen gedeutet, zu- und eingeordnet. Unterschiede werden erzeugt, dramatisiert und bewertet. Von Vorurteilen geleitet wird ergänzt, hinzugefügt und erfunden. So ein-

---
[4] Snyder, Uranowitz 1978, zit. nach Dechmann, Ryffel 1993, S. 33.

fach das Beispiel erscheint, so komplex sind die Zusammenhänge. Schon Außenstehende haben Mühe zu sehen, was hier genau abläuft.[5] Die Beteiligten selber werden ihre Wahrnehmungs-Verzerrungen wahrscheinlich gar nicht bemerken. Denn dies kann oft erst dann geschehen, wenn wir unser Verhalten reflektieren und scheinbar Selbstverständliches, wie zum Beispiel das Verhältnis der Geschlechter, in Frage stellen.

Hierin liegt eine zentrale Aufgabe der geschlechtsbewussten Pädagogik.

> Da wir als Pädagoginnen und Pädagogen selbst Teil der „vergeschlechtlichten" Gesellschaft sind, sind wir nicht frei von den beschriebenen Stereotypen und Alltagstheorien. Um Mädchen und Jungen in ihren individuellen Fähigkeiten und Stärken zu fördern und ihnen gleiche Chancen zu bieten, ist es wichtig, nicht ungewollt und unreflektiert Geschlechterstereotype und Alltagstheorien zum Geschlechterverhältnis im beruflichen Alltag zu transportieren. Professionelles Handeln im Gegensatz zum Alltagshandeln muss reflektiert und begründbar sein. Vorschnelle Urteile, die eben oft Vorurteile sind, dürfen in der pädagogischen Praxis keinen Platz haben. Es geht darum, „hinter die Kulissen" zu schauen und Situationen und Verhaltensweisen von Mädchen und Jungen zu analysieren, auch wenn diese scheinbar in den Zuschreibungen aufgehen.

## Geschlecht wird erworben („doing gender")

Mädchen und Jungen sowie Frauen und Männer finden jedoch die Geschlechterverhältnisse nicht nur vor, sondern stellen sie auch in der alltäglichen Interaktion aktiv her. Präsentationswei-

---
[5] Dechmann, Ryffel 1993, S. 33.

sen von „Männlichkeit" und „Weiblichkeit" werden produziert und reproduziert, sie können aber auch in Kommunikations- und Interaktionsprozessen variiert und verändert werden. Diese Prozesse werden in der Geschlechterforschung als *„doing gender"* bezeichnet.[6] Wie funktioniert der Prozess des „doing gender" in der Interaktion?

Schauen wir uns das Beispiel der Patientin an, die bei der Visite den Krankenpfleger für den Arzt und die Ärztin für die Krankenschwester hielt. Alle beteiligten Personen haben Geschlecht und Geschlechterdifferenz hergestellt, wiederhergestellt und variiert.

Da ist zuerst einmal die Patientin, die nicht nur die Differenz, sondern auch die Hierarchie der Geschlechter herstellt bzw. wiederherstellt: Aufgrund ihrer Vorannahmen geht sie davon aus, dass Männer zwar soziale Berufe wählen, aber nur gesellschaftlich stark anerkannte und gut bezahlte. Sie kann sich nicht vorstellen, dass ein Mann einen Pflegeberuf ausübt. Und sie sieht einen Mann und eine Frau im Berufsleben und ordnet dem Mann spontan die höhere berufliche Position zu. Der Krankenpfleger hingegen variiert das Verhältnis der Geschlechter, indem er die gegenwärtig in unserer Kultur herrschende Männerrolle verändert und einen Pflegeberuf ausübt. Die Ärztin reproduziert dieses Verhältnis, da sie in einen sozialen Beruf tätig ist, und variiert es zugleich, da sie in einer relativ hohen beruflichen Position tätig ist.

Ein weiteres Beispiel zeigt, wie „doing gender" im Alltag funktioniert:

---

[6] Vgl. West und Zimmermann 1987.

> Eine Kollegin von einer Hochschule für Wirtschaft berichtete folgende kleine Episode aus ihrem Berufsalltag. Sie arbeitete zu jener Zeit (1992–1995) als Angestellte in einer Bank. Bei einer längeren Konferenz, an der die Mitglieder des mittleren Managements der Bank teilnahmen, sagte einer der ausnahmslos männlichen Kollegen: „Kaffee wäre jetzt eine gute Idee." Alle Männer schauten daraufhin erwartungsvoll die einzige Frau im Raum an.

Was ist hier geschehen? Trotz der gleichen beruflichen Position bestimmt das Geschlecht die Erwartungsmuster und die sozialen Prozesse des Alltags- und Berufslebens. Trotz der Gleichheit des beruflichen Status wird Differenz über das Geschlecht hergestellt und wiederhergestellt. Denn in dem Augenblick, als es um Versorgung und Dienstleistung geht, wird die Kollegin in erster Linie in ihrer Rolle als Frau betrachtet. Wie aber kann sich die Kollegin dieser Vergeschlechtlichung entziehen? Spricht sie das Thema an oder verweigert sich gar explizit, wird sie wahrscheinlich als „Emanze" stereotypisiert.

> Nach einer kurzen Pause antwortete sie daher: „Ja, das finde ich auch. Ich nehme meinen Kaffee mit Milch und Zucker."

Sie variiert also das Verhältnis der Geschlechter, indem sie in einer relativ hohen beruflichen Position tätig ist und indem sie die vergeschlechtlichten Praktiken des Alltagslebens, also in diesem Fall für Kaffee zu sorgen, bewusst übergeht.

Dieses aktive Herstellen von Geschlecht bzw. Geschlechterdifferenz wird auch als *„doing gender"* bezeichnet.

> Prozesse des „doing gender" spielen von Kindheit an eine große Rolle. Kinder lernen vor allem durch die Modellfunktion der Erwachsenen, indem sie beobachten, welche Aufgaben Frauen bzw. Männer übernehmen, an welchen Orten sie sich aufhalten, wie sie sich bewegen, wie sie reden, wie sie miteinander kommunizieren, was sie von Mädchen bzw. von Jungen erwarten usw. Kinder setzen sich dabei *aktiv* – wenngleich nicht bewusst und insbesondere bei kleineren Kindern nicht reflektiert – mit den sie umgebenden Geschlechterverhältnissen auseinander. Vor allem im Spiel erproben sie, was es heißt „männlich" oder „weiblich" zu sein.

*„Mädchen produzieren Weiblichkeit für Jungen, Jungen produzieren Männlichkeit für Männer, Jungen und für Mädchen. Mädchen und Jungen, aber auch Mädchen unter sich und Jungen unter sich ‚stellen' gemeinsam in ihrer Interaktion miteinander Geschlechtsidentität her, sie inszenieren zusammen Geschlechterbeziehungen."*[7]

Die Inszenierung ist mal ernster, mal mehr experimentell, aber sie bleibt vielfach im Kindergartenalter noch äußerlich. Allerdings beinhalten diese Inszenierungen von Mädchen- bzw. Junge-Sein bereits im Kindergartenalter Versprechungen: dazu gehören, zu sein wie die anderen, manche stehen für Aufregung, Schutz oder Überlegenheit und Dominanz. Das Ausbalancieren der vielen ambivalenten Erwartungen und Versprechungen, aber auch der Be- und Einschränkungen, erfordert geradezu ein Probieren, Dramatisieren und Posieren.[8]

---

[7] Helfferich 1998, S. 37.
[8] Vgl. ebd.

> Geschlechterinszenierungen von Kindern bewusst und kritisch zu begleiten, ist Aufgabe von geschlechtssensibel arbeitenden Pädagoginnen und Pädagogen.

Wie Geschlecht im Laufe der Kindheit erworben und Geschlechtsidentität aufgebaut wird, wird im dritten Kapitel des Buches im Zusammenhang mit der Sozialisation von Mädchen und Jungen genauer betrachtet.

## 1.2 Wie Stereotype das menschliche Zusammenleben organisieren – Geschlecht als gesellschaftliches Strukturprinzip

Um zu erklären, warum wir von Kindheit an stets und ständig „Vergeschlechtlichung" betreiben, reicht es nicht aus, sich anzusehen, wie Geschlecht individuell erworben und auch zugeschrieben wird. Zugleich müssen wir Geschlecht als *„gesellschaftliches Strukturprinzip"* betrachten, d. h. als ein wichtiges Ordnungsprinzip in unserer Gesellschaft. Es strukturiert alle Bereiche des menschlichen Lebens und prägt das Denken, Fühlen und Handeln von Kindern, Jugendlichen und Erwachsenen. Auf diesen Zusammenhang zielt der Begriff der *Geschlechterverhältnisse*.

Wenn von *Geschlechterverhältnissen* die Rede ist, geht es nicht lediglich um konkrete Beziehungen zwischen einzelnen Männern und Frauen oder zwischen Frauen bzw. Männern untereinander. Gemeint ist vielmehr das Verhältnis, das die Geschlechter als soziale Gruppen zueinander haben. Geschlecht wird hier als gesellschaftliches Strukturprinzip gedacht. Was ist damit gemeint?

Damit unsere Gesellschaft funktioniert, bedarf es bestimmter Strukturen. Das betrifft zum Beispiel die gesellschaftliche Arbeitsteilung, die Verteilung von Gütern, verbindlich zugewiesene Verantwortlichkeiten für Kinder, ältere Menschen sowie kranke und behinderte Menschen, gemeinsame Werte und Normen und ihre systematische Weitergabe an neue Mitglieder der Gesellschaft, eine legitime politische Vertretung, den Raum für Kunst, Musik, Geschichten und andere symbolische Produktionen.[9] Die Frage ist nun, nach welchen Kriterien bzw. Prinzipien diese gesellschaftlich zu leistenden Aufgaben verteilt werden? Das können z. B. Begabung, Interesse, Motivation, Fähigkeiten oder nachgewiesene Leistungen sein. Oder man strukturiert die Aufgaben nach zentralen Prinzipien, die Regelmäßigkeit, Vorhersehbarkeit und Wiederholbarkeit versprechen. Die geschlechtliche Zugehörigkeit ist ein solches zentrales Strukturprinzip (wie auch die Schicht- oder die ethnische Zugehörigkeit).

Dieses geschlechtlich bestimmte Strukturprinzip gibt Leitlinien z. B. darüber vor, wer die Familien- und Berufsarbeit übernimmt, wer in technischen, wirtschaftlichen und sozialen, pflegerischen Berufe tätig ist, wer höhere oder niedere berufliche Positionen einnimmt.

> So wird „Geschlecht" nicht nur zugeschrieben und erworben, sondern das herrschende Geschlechterverhältnis ist mit der Geburt eines Kindes immer schon da, eine gesellschaftliche Realität, in die Mädchen und Jungen hineinwachsen und mit der sie umgehen müssen.

Man kann sich diese gesellschaftliche Struktur in Analogie zur Struktur eines Hauses vorstellen. Wände, Fußboden und Dach

---

[9] Vgl. Giddens 1995, S. 23.

sind für seine spezifische Form verantwortlich. Ebenso wie die Arbeitsverteilung nach dem Geschlecht als Ordnungsprinzip die spezifische Form unserer Gesellschaft ausmacht. Am Beispiel der Verteilung der gesellschaftlich notwendigen Arbeit wird im Folgenden erläutert, wie „Geschlecht" als gesellschaftliches Strukturprinzip wirkt.

Die gesellschaftlich notwendige Arbeit wird in unserer Gesellschaft (künstlich) getrennt und aufgeteilt in öffentliche Erwerbsarbeit und private Reproduktionsarbeit. Diese Trennung von „öffentlicher" und „privater" Sphäre geht einher mit einer geschlechtsspezifischen Zuordnung dieser sozialen Orte und mit der Zuweisung von bestimmten gesellschaftlich zu leistenden Arbeiten.

### „Männerwelt: Beruf" – „Frauenwelt: Familie"

Die Arbeitsteilung zwischen den Geschlechtern in den modernen Gesellschaften ist uns vertraut und scheint überall auffindbar zu sein: Seit der Industrialisierung leisten Männer vorwiegend öffentliche Erwerbsarbeit und Frauen private Haus- und Beziehungsarbeit. Diese Zuweisung findet statt, obwohl Frauen ständig zwischen den Bereichen hin- und herpendeln. Real sind sie in den verschiedensten Berufen tätig und wissen sich sehr wohl in der Erwerbsarbeit zu bewegen. Dennoch tragen sie gleichzeitig die Hauptverantwortung für den Haushalt und die psychischen und physischen Bedürfnisse der Familienmitglieder und übernehmen damit die Reproduktionsarbeit. Diese Arbeit wird Frauen und Mädchen gesellschaftlich zugeschrieben.

> So liegt beispielsweise nationenübergreifend in den westlichen Gesellschaften die Beteiligung der Männer an der Kin-

derversorgung bei wenig bis gar nicht.[10] Und auch in der Bundesrepublik wird nur 2 % der Elternzeit von Männern/ Vätern genommen.[11]

## „Männliche" und „weibliche" Bereiche in der Berufswelt

Auch die Berufswelt ist nahezu durchgängig in „weibliche" und „männliche" Bereiche aufgeteilt. Während Frauen u. a. in sozialen Berufen überproportional vertreten sind, dominieren Männer u. a. in technischen Berufen.

Nach wie vor ist beispielsweise die Arbeit in Kindertageseinrichtungen Frauenarbeit, mit gut 96 % im Westen wie im Osten ist die Frauendominanz charakteristisch für dieses Arbeitsfeld.[12] Auch in der sozialen Arbeit spiegelt sich dieses Phänomen wider. Knapp 70 % der in der sozialen Arbeit Tätigen in der BRD sind Frauen.[13]

Frauen sind also in anderen Berufszweigen und Tätigkeitsfeldern (horizontale Segregation) beschäftigt als Männer. Sie sind um so deutlicher unterrepräsentiert, je höher die entsprechenden Positionen in der Hierarchie angesiedelt sind und je mehr Machtbefugnisse sie beinhalten (vertikale Segregation). Die Tatsache, dass Frauen und Männer in unterschiedlichen Berufen und auf unterschiedlichen Hierarchieebenen tätig sind, hat sich dabei seit der Industrialisierung kaum geändert.[14]

---

[10] Vgl. Lorber 1999, S. 239.
[11] Vgl. Untersuchung des Bundesfamilienministeriums aus 2000.
[12] Colberg-Schrader, Krug 1999, S. 147.
[13] In anderen europäischen Ländern wie England und Italien ist der Anteil von Frauen weit höher; vgl. Riege u. a. 1997.
[14] Vgl. Knapp 1995, S. 164.

In der Frauen- und Geschlechterforschung wird die gesellschaftliche Arbeits(ver)teilung nach dem Strukturprinzip Geschlecht unter dem Begriff *geschlechtsspezifische Arbeitsteilung* zusammengefasst.

So wie an der Grundstruktur eines Hauses nicht so einfach gerüttelt werden kann, so hängt auch die geschlechtsspezifische Arbeitsteilung in dieser Gesellschaft nicht allein vom guten Willen der einzelnen Frauen oder Männer ab. Wie kreativ oder auch verzweifelt wir in persönlichen Lebens- oder Arbeitsbeziehungen um Veränderung ringen, stoßen wir doch immer wieder mit unseren Bemühungen an Grenzen. Denn die Form ist wie beim Gebäude vorgegeben. Die geschlechtsspezifische Arbeitsteilung ist institutionell verankert und verfestigt. Die Industriegesellschaft basiert darauf, dass eine Person die Haus- und Erziehungsarbeit verrichtet und die andere die berufliche Erwerbsarbeit. Berufstätige Paare oder allein erziehende Frauen mit Kindern stoßen daher bei dem Versuch, Beruf und Elternschaft zu vereinbaren, immer wieder an diese strukturellen Grenzen. So fehlen beispielsweise flexible Arbeitszeitregelungen genauso wie genügend Möglichkeiten der Kinderbetreuung. Was in der Regel wie ein privates bzw. individuelles Problem erscheint, ist gesellschaftlich-strukturell bedingt. Und dennoch müssen Paare und vor allem die Alleinerziehenden hier individuelle Lösungen für diese gesellschaftlichen Probleme finden.

Unsere Handlungen, unser Denken und unser Fühlen werden also durch diese strukturellen Bedingungen der Gesellschaft beeinflusst. Gleichzeitig aber produzieren und reproduzieren wir sie jedoch auch durch unsere Wahrnehmung, unsere Wertungen und durch unsere Handlungen und können sie dadurch in gewissem Ausmaß verändern.

Zur Verdeutlichung ein Beispiel aus dem Bereich der geschlechtsspezifischen Arbeitsteilung:

> Neulich sah ich meinen Nachbarn, der mit seinem zweijährigen Kind vormittags auf dem Spielplatz spielte. Er wurde von den Frauen, die ebenfalls an diesem Werktag mit Kindern dort waren und auch von PassantInnen beifällig betrachtet und teilweise auch angestarrt. Männer, die sich in der Öffentlichkeit um Kinder kümmern, sind zwar ein zunehmend „normaler" Anblick. Männer, die die primäre Bezugsperson für ihr Kind sind und Elternzeit nehmen, jedoch keineswegs. Später, als ich meinen Nachbarn im Hausflur traf, fragte ich, wie es für ihn sei, für ein Jahr aus dem Beruf auszusteigen und sich der Betreuung und Erziehung seines Kindes zu widmen.

Mit Blick auf die *gesellschaftlichen Strukturen* ist es höchst außergewöhnlich, dass ein Mann Elternzeit nimmt. Tatsache ist, wie bereits beschrieben, dass nur 2 % der Elternzeit in der Bundesrepublik von Männern/Vätern genommen wird. Männer verdienen meist mehr als Frauen, so dass häufig eher auf das geringere Gehalt von Frauen verzichtet wird.

Mit Blick auf die *Individuen, die in den Strukturen handeln*, wird sichtbar, wie wir die Kategorie Geschlecht reproduzieren, aber eben auch variieren und verändern können: Alle haben wir Geschlecht und Geschlechterdifferenz hergestellt, wiederhergestellt bzw. variiert: der Nachbar, der die Vater- und Männerrolle veränderte, die Frauen auf dem Spielplatz, die Passantinnen und ich, die ihm besondere Aufmerksamkeit widmeten. Unabhängig von der Wertung und Bewertung des Verhaltens dieses Mannes wurde seine engagierte Vaterschaft als etwas „Besonderes" betrachtet. (Meine berufstätige Nachbarin habe ich übrigens nie gefragt, wie es für sie war, Elternzeit zu nehmen.)

Wenn wir also Mädchen und Jungen in ihrer Entwicklung begleiten, ist es nicht nur wichtig, die strukturellen Bedingungen, innerhalb derer sie agieren können, zu reflektieren und gegebenenfalls zu verändern. Wir müssen gleichzeitig die Unterschiede wahrnehmen, wie vielgestaltig und kreativ sie innerhalb dieser Strukturen agieren.

## 1.3 Der kleine Unterschied und seine Folgen – Soziale Ungleichheiten in den Geschlechterverhältnissen

Geschlecht ist also ein Strukturprinzip der Gesellschaft, das Frauen und Männern und auch Mädchen und Jungen soziale Orte, Aufgabengebiete und Zuständigkeitsbereiche geschlechtsspezifisch zuweist (Geschlecht wird zugeschrieben). Gleichzeitig stellt die Gesellschaft beiden Geschlechtern spezifische Stereotype zur Verfügung, um sich zu orientieren, zu identifizieren oder auch um sich abzugrenzen (Geschlecht wird erworben). Die Gesellschaft gibt uns damit eine Differenz der Geschlechter vor, die jedoch zugleich immer wieder von Frauen und Männern bzw. von Mädchen und Jungen hergestellt, bestätigt, oder auch variiert und verändert wird (Geschlecht wird „getan").

Wenn wir betrachten, wie die gesellschaftlich notwendige Arbeit verteilt ist, wird jedoch noch ein weiteres Charakteristikum der Geschlechterverhältnisse deutlich. Denn Arbeit wird nicht nur geschlechtsspezifisch verteilt, sondern auch unterschiedlich bewertet:

> Öffentliche Erwerbsarbeit und private Reproduktionsarbeit sind in gleichem Maße gesellschaftlich notwendig und wichtig. Beide Arbeitsformen bedingen sich wechselseitig. Dennoch werden sie völlig unterschiedlich bewertet. Berufsarbeit wird gesellschaftlich hoch bewertet, anerkannt und gut bezahlt. Auch die sozialen Sicherungssysteme (wie z. B. Arbeitslosen- oder Rentenversicherung) werden nach der Erwerbsarbeit ausgerichtet.

Reproduktionsarbeit, d. h. der Bereich der Haus-, Erziehungs- und Beziehungsarbeit, wird gesellschaftlich ausgegrenzt, unsichtbar gehalten und entwertet. Das bedeutet vor allem, dass diese Arbeit weder als Arbeit benannt, noch in ihrem Ausmaß und ihrer gesellschaftlichen Notwendigkeit anerkannt wird.[15] Sie ist zwar selbstverständlich, aber scheinbar gesellschaftlich irrelevant.

Diese unterschiedliche Bewertung von Arbeit und sogar ganzer Berufsbereiche haben wir verinnerlicht. So werden soziale Berufe, wie z. B. in der Kranken- oder Altenpflege, Pädagogik, Sozialarbeit, nicht nur eher Frauen zugeschrieben und von ihnen gewählt, sondern auch wenig gesellschaftlich anerkannt und dementsprechend gering honoriert.

Daher handelt es sich hier nicht nur um eine geschlechtsspezifische, sondern auch um eine *geschlechtshierarchische Arbeitsteilung*. Wie sieht diese in unserer Gesellschaft konkret aus?

*„1997 waren in den 5000 führenden bundesdeutschen Unternehmen beispielsweise lediglich 6,7 Prozent Frauen in Führungspositionen tätig. Vergleichbare, teilweise noch magere Quoten vermelden andere gesellschaftlich relevante Institutionen – Universitäten, Hochschulen, Parteien, Regierungen und nicht zuletzt die Medienanstalten. Frauen sind zwar im Prinzip heute überall präsent, aber um so deutlicher unterrepräsentiert, je höher die entsprechenden Positionen in der Hierarchie angesiedelt sind und je mehr Machtbefugnisse sie beinhalten."*[16]

Bei der gesellschaftlichen Arbeits(ver)teilung in den modernen Gesellschaften werden Frauen nach wie vor benachteiligt:

---

[15] Vgl. Bitzan 2001, S. 21.
[16] Mühlen-Achs 1998, S. 12.

Frauen wird immer noch die Vereinbarkeitsleistung von Beruf und Elternschaft abverlangt, ohne jedoch Bedingungen zu schaffen, um Berufsarbeit und familiale Reproduktion zu verbinden. So genannte frauentypische Berufe sind auch weiterhin in der Regel schlechter bezahlt sowie durch geringere Aufstiegschancen und ein größeres Risiko von Erwerbslosigkeit gekennzeichnet. Zudem wird Mädchen und jungen Frauen nach wie vor der Berufseinstieg in gewerblich-technische Berufe erschwert.[17]

Nicht nur die Arbeitsteilung, sondern die Geschlechterverhältnisse insgesamt sind hierarchisch organisiert:

*„Dominanz des einen – männlichen – Geschlechts über das andere ist dabei auf vielfältige Weise (juristisch, politisch, ökonomisch, sozial und kulturell) in die derzeitige Konstruktion des Geschlechterverhältnisses in den meisten Ländern der Welt mehr oder weniger offen, mehr oder weniger Frauen benachteiligend eingelassen."*[18]

Auch wenn es um die Verteilung ökonomischer und anderer Ressourcen geht sind Frauen benachteiligt:

*„Laut Uno-Bericht besitzen weltweit Frauen nur 1 % des Vermögens und 1 % des Grund und Bodens; in der BRD verdient eine Frau bei gleicher Qualifikation und Tätigkeit 77 % des Männerlohns."*[19]

Ebenso wird das Verhalten, Denken und Fühlen nach Maßgabe der Geschlechtszugehörigkeit bewertet[20] und zwar bereits bei

---

[17] Vgl. Focks 2000, S. 63–93.
[18] Brückner 2001, S. 130.
[19] Zit. nach Hark 2001, S. 89. Für weitere statistische Informationen siehe www.statistik-bund.de.
[20] Vgl. Hagemann-White 1984, S. 80–81.

Jungen und Mädchen. Das ältere Mädchen, das sich um kleinere Kinder kümmert, wird weniger Aufmerksamkeit erregen als der ältere Junge, der das gleiche Verhalten zeigt.

Die unterschiedliche Bewertung basiert also nicht nur auf einer polaren Gegenüberstellung der Geschlechter, sondern auch auf einer unterschiedlichen Bewertung möglicher menschlicher Denk-, Gefühls- und Verhaltensweisen. So wird zwar ganz selbstverständlich und alltäglich von Mädchen und Frauen erwartet, dass sie sich u. a. sozial verantwortlich für andere zeigen, fürsorglich, einfühlsam und beziehungsorientiert sind, zugleich ist dies Verhalten aber gesellschaftlich wenig anerkannt. Unabhängig zu sein oder sich durchzusetzen wird dagegen nicht nur eher Jungen und Männern zugeordnet, sondern auch gesellschaftlich höher bewertet. Denn die Stereotype, die unsere Gesellschaft beiden Geschlechtern jeweils zuordnet, sind nicht wertfrei, sondern hierarchisch. Sie basieren auf einer Höherbewertung des so genannten Männlichen. So lässt sich auch erklären, dass ein Junge, der ein so genanntes mädchenhaftes Verhalten zeigt, z. B. ein Kleid tragen oder später Erzieher werden möchte oder viel weint, größere Irritationen hervorruft als ein Mädchen, das sich nicht geschlechtstypisch verhält.

Die mangelnde Gleichstellung, die ungleichen Chancen und die unterschiedliche Bewertung der Geschlechter werden in der Frauen- und Geschlechterforschung unter dem Begriff: *soziale Ungleichheiten in den Geschlechterverhältnissen* zusammengefasst. Das heißt, dass die Kategorie Geschlecht ein Strukturprinzip ist, das Benachteiligungen und Privilegierungen festlegt.

Überdies können Frauen und Mädchen sogar doppelt benachteiligt sein, wenn sie einer anderen Kultur angehören oder arm sind (Strukturprinzip Ethnie, Schicht). Die Benachteiligung kann sich jedoch auch in eine partielle Privilegierung verwandeln, wenn Mädchen beispielsweise reich sind oder einer höheren Schicht angehören. So sind auch die Unterschiede unter Mädchen und unter Jungen teilweise größer als jene zwischen Mädchen und Jungen. D. h., soziale Ungleichheiten und Privilegierungen sind miteinander verschränkt und verknüpft. Geschlecht ist dabei ein wichtiges, aber nicht das einzige Strukturprinzip bzw. die einzige *soziale Kategorie*.[21]

Ein verallgemeinertes Sprechen von „den" Mädchen oder „den" Jungen ist damit letztlich nicht möglich, denn Mädchen und Jungen zeigen sich jeweils in einem breiten Spektrum von unterschiedlichen Selbstdefinitionen, Wünschen, Fähigkeiten und Handlungsmöglichkeiten, die sich vor dem Hintergrund von Ethnie, Schicht, Region etc. ausprägen.

> Geschlecht ist in einer auf Geschlechterdifferenz und Hierarchie festgelegten Gesellschaft wie der unsrigen von Geburt an eine prägende Kategorie. Mädchen-Sein und Junge-Sein ebenso wie das Geschlechterverhältnis unterliegen kulturellen und historischen Mustern, die bereits früh in das Selbstbild von Mädchen und Jungen einfließen und auch das Denken, Fühlen und Handeln von Frauen und Männern beeinflussen. Um Mädchen und Jungen in ihren individuellen Fähigkeiten und Interessen zu fördern, sie vorurteilsfrei zu erziehen und zu bilden und um Benachteiligungen abzubauen, brauchen wir daher eine geschlechtsbewusste Pädagogik.

Geschlechtsbewusste Pädagogik ist kein vorgefertigtes Konzept, sondern vor allem eine Grundhaltung, die die Herangehensweise und das pädagogische Selbstverständnis prägen. Um die beschriebenen Möglichkeiten geschlechtsbewusster Pädagogik in Kindertageseinrichtungen nutzen zu können, ist es daher notwendig sich mit den unterschiedlichen theoretischen Grundlagen auseinander zu setzen, um die Reflexionskompetenz zu erweitern und Sicherheiten zu gewinnen.

---

[21] Vgl. Focks 2000, S. 66 ff.

# 2 Die theoretischen Grundlagen geschlechtsbewusster Pädagogik

Um den Prozess der geschlechtsbewussten Pädagogik in Gang zu setzen (und in Gang zu halten) müssen PädagogInnen Analyse- und Handlungskompetenz sowie die Fähigkeit zur Selbstreflexion entwickeln. Voraussetzung dafür ist die Auseinandersetzung mit theoretischen Grundlagen. Zwar sind alle drei Kompetenzen Qualitätskriterien pädagogischer Arbeit überhaupt, aber für geschlechtsbewusste Pädagogik in ganz besonderen Maße. Alltagstheorien bestimmen viele Bereiche unseres Alltagslebens. Bei der Erklärung der Geschlechterverhältnisse kursieren jedoch besonders viele Alltagstheorien und unreflektierte Erklärungsmuster, wie das folgende Beispiel verdeutlicht.

> Ein Tischlermeister, Vater eines fünfjährigen Mädchens, hat eine äußerst geringe Meinung von „Theorien". Nichtsdestoweniger beruhen sowohl seine beruflichen Entscheidungen als auch die in punkto Erziehung auf theoretischen Annahmen, auch wenn sie ihm nicht bewusst sind. In seinem beruflichen Alltag leidet er unter der mangelnden Motivation seiner Mitarbeiter. Seiner Ansicht nach liegt das an der schlechten Bezahlung. Diese Überlegung fußt auf seiner Annahme, dass Angestellte vorwiegend durch die Höhe ihrer Entlohnung zu harter Arbeit motiviert werden können. Das ist nicht nur eine theoretische Interpretation, die sich im Alltag eingebürgert hat, sondern auch nur begrenzt richtig, wie Industrie-

> soziologen eindeutig nachgewiesen haben.[1] Wesentlich für
> die Arbeitsmotivation ist ebenso das „Betriebsklima", die
> Mitgestaltungsmöglichkeiten, die Identifikation mit der Arbeit und dem Betrieb und vieles mehr.
>
> In Bezug auf die Erziehung seiner Tochter weist er die Erzieherinnen darauf hin, dass Mädchen gerade im öffentlichen Raum besonders beaufsichtigt werden müssen, um sie vor sexuellem Missbrauch zu schützen. Auch dies ist eine theoretische Annahme und nur teilweise richtig. Mädchen werden zwar häufiger als Jungen Opfer von sexuellem Missbrauch. Allerdings ist diese Gefahr im privaten Bereich eindeutig größer als im öffentlichen Raum, wie Forscherinnen und Forscher nachgewiesen haben.[2] Denn die Täter sind meist keine Fremden, sondern Verwandte, Freunde der Eltern etc., Personen also, die die Kinder kennen.

Das Beispiel zeigt, dass theoretische Annahmen nicht nur ganz alltäglich in unser Privat- und Berufsleben hineinwirken, sondern manchmal auch wissenschaftlichen Befunden und Tatsachen widersprechen. Es handelt sich dabei häufig um vereinfachte und wissenschaftlich nicht begründete Erklärungsmuster, die von immer mehr Menschen gebraucht und schließlich für Tatsachen gehalten werden. Sie werden dann zu etwas Selbstverständlichem, das nicht in Frage gestellt wird.

Im Unterschied zum Alltagsdenken und -handeln zeichnet sich pädagogische Professionalität und Qualität durch einen kritischen Umgang mit Theorie aus. Das schließt zum einen die Reflexion der eigenen theoretischen Annahmen ein, zum anderen die Auseinandersetzung mit unterschiedlichen wissen-

---

[1] Vgl. Giddens 1995, S. 21.
[2] Vgl. u. a. Kavemann 1999, S. 22 ff.

schaftlichen Theorien. Nur unter diesen Voraussetzungen kann eine bewusste eigene Haltung entwickelt werden.

Theorien können außerdem dazu dienen „aus der Befangenheit unüberprüft übernommener Vorstellungen" zu befreien, eine Vielzahl möglicher Gesichtspunkte eines Problems aufzuzeigen und es erleichtern, Einseitigkeiten zu erkennen. Sie können helfen, Abstand zum pädagogischen Alltag zu gewinnen und diesen zum Gegenstand des Nachdenkens machen. Pädagogisches Handeln ist nicht bloß ein handwerklich-technisches Tun, sondern ein schöpferisch-kreativer und geistiger Prozess, der die ganze Person fordert.[3]

Dieses zweite Kapitel bietet daher einen Überblick über die theoretischen Grundlagen der geschlechtsbewussten Pädagogik. Diese lassen sich in drei Richtungen bündeln: *die Gleichheitsperspektive, die Differenzperspektive und die (de-)konstruktivistische Perspektive*. Jeder Ansatz nimmt die Geschlechterverhältnisse und ihre Funktionsmechanismen unterschiedlich wahr und setzt von daher in der Praxis der geschlechtsbewussten Pädagogik andere Akzente. Allerdings gibt es neben den Unterschiedlichkeiten auch viele Überschneidungen. Das hängt damit zusammen, dass es sich nicht um statische Gebilde handelt, denn auch innerhalb der jeweiligen Perspektiven sind Entwicklungen, Veränderungen und Differenzen zu beobachten. Zur besseren Vergleichbarkeit werden im Folgenden jeweils die *Grundlagen*, die *Zielsetzung* und die *möglichen Perspektiven für die geschlechtsbewusste Pädagogik* (im Sinne der jeweiligen Betrachtung von Mädchen und Jungen) beschrieben.

---

[3] Vgl. auch Bollnow 1988, S. 90 f.

## 2.1 Gleichberechtigung herstellen: Die Gleichheitsperspektiven

Die so genannte Gleichheitsperspektive geht mit der bereits in der französischen Revolution erhobenen Forderung nach *Gleichheit der Geschlechter* einher. Es geht darum, für Frauen und Männer gleiche Rechte, gleiche Chancen, gleiche Bildung und gleiche Fähigkeiten anzuerkennen. *Zielsetzung* bei dieser Perspektive, die die Frauenbewegungen des 19. und vor allem des 20. Jahrhunderts beeinflusst hat, ist die Aufhebung der Benachteiligung von Mädchen und Frauen durch eine Politik der Beteiligung (Partizipation), der Gleichstellung, der Quotierung usw. Die Gleichstellung von Frauen und Männern wird dabei für den öffentlichen und den privaten Raum gefordert. Das heißt, dass Männer sich mehr an der Familien- und Erziehungsarbeit im privaten Raum beteiligen und Frauen mehr am politischen, wirtschaftlichen und kulturellen Leben im öffentlichen Raum.

In ihrem Vorwort zu Maxie Wanders Roman „Guten Morgen du Schöne" kommentiert Christa Wolf den Wert der Gleichheit, der seit der Französischen Revolution einer der Leitwerte demokratischer Gesellschaften ist.

*„Ja: Ökonomisch und juristisch sind wir den Männern gleichgestellt, durch gleiche Ausbildungschancen und die Freiheit, über Schwangerschaft und Geburt selbst zu entscheiden, weitgehend unabhängig, nicht mehr durch Standes- und Klassengrenzen von dem Mann unserer Wahl getrennt; und nun erfahren wir (wenn es wirklich Liebe ist, was wir meinen, nicht Besitz und Dienstleistung auf Gegenseitigkeit), bis zu welchem Grad die Geschichte der Klassengesellschaft, das Patriarchat, ihre Objekte deformiert hat und welche Zeiträume das Subjektwerden des Menschen – Mann und Frau – erfordern wird (…) Erst wenn Mann und Frau sich nicht mehr um den Wochen-*

*lohn streiten, ... darum, ob die Frau ‚arbeiten gehn' darf und wer dann die Kinder versorgt; erst wenn die Frau für ihre Arbeit genauso bezahlt wird wie der Mann ...: erst dann beginnt sie, belangvolle Erfahrungen zu machen, die sie nicht allgemein, als menschliches Wesen weiblichen Geschlechts, sondern persönlich, als Individuum betreffen."*[4]

Christa Wolf thematisiert den Widerspruch zwischen formaler, rechtlich garantierter Gleichheit und faktischer Ungleichheit und Ungleichbehandlung von Frauen und Männern. Sie kritisierte die staatlich organisierte „Emanzipation der Frau" in der DDR. Aber sie beeinflusste mit diesen Forderungen auch den Bewusstwerdungsprozess vieler Frauen in Westdeutschland, deren Streben nach persönlicher und ökonomischer Unabhängigkeit, nach einem widerständigen Lebensgefühl, gerade in den Anfängen der zweiten Frauenbewegungen in den siebziger Jahren.[5]

## Die Perspektive der gleichheitstheoretischen Ansätze auf die Realität

Die Ungleichheiten in den Geschlechterverhältnissen werden auf den verschiedensten Ebenen analysiert – insbesondere im Zusammenhang mit dem Thema „Arbeit". Zunächst ging es dabei um die Frage, was überhaupt als „Arbeit" zählt. Die damals entstehende Frauenforschung weitete den bisherigen Arbeitsbegriff, der nur beruflich geleistete Arbeit umfasste, aus und wertete z. B. auch Erziehungs- und Hausarbeit als Arbeit. Die bis dahin unsichtbare Arbeit von Frauen sollte sichtbar gemacht werden. In diesem Zusammenhang wurde die Forderung nach der Bezah-

---

[4] Wolf 1978, S. 13 f.
[5] Vgl. Gerhard 1995, S. 12.

lung von Haus- und Erziehungsarbeit diskutiert, sowie die Frage, wie so genannte frauentypische Berufe, wie Lehrerin, Erzieherin, Pädagogin, Krankenschwester etc., gesellschaftlich aufgewertet werden könnten.

Ebenfalls von der Gleichheitsperspektive geprägt war die Forderung nach Erschließung neuer, anderer Berufsbereiche für Mädchen und Frauen, wie z. B. im Bereich Technik und Wirtschaft.

Nach der Gleichheitsperspektive wird Geschlecht als soziale *„Strukturkategorie"* begriffen, die historisch und im Rahmen gesellschaftlicher und wirtschaftlicher Notwendigkeiten entstanden und veränderbar ist. Analysiert werden gesellschaftliche Verhältnisse, durch die Frauen und Männern in der Gesellschaft unterschiedliche Positionen zuordnet werden. Nach der Gleichheitsperspektive wird die Geschlechterdifferenz und -hierarchie kultur-historisch hergestellt und damit als veränderbar betrachtet.

Privilegierungen oder Benachteiligungen qua Geschlecht sind ein durchgängiges, Ungleichheit erzeugendes Prinzip, das auf Zuschreibungen und Bewertungen (Auf- und Abwertungen) basiert. Auf diese Weise kann Geschlecht auch parallel zu anderen Ungleichheit erzeugenden Faktoren, wie beispielsweise Klasse, Schicht, Ethnie und Generation, betrachtet werden.

> So genannte geschlechtstypische Verhaltens- und Denkweisen von Frauen und Männern sowie von Mädchen und Jungen werden aus der Warte der Gleichheitsperspektive nicht als genetisch bedingt betrachtet, sondern als Folge der jeweiligen Lebensbedingungen. Wenn Frauen also beispielsweise emotional, einfühlend, weich etc. sind, ist dies keine „Naturtatsache". Geprägt werden diese Eigenschaften neben den Lebensbedingungen durch die an Frauen gestellten Anforderungen: So sind in Familie oder sozialen Berufen Fähigkeiten wie Einfühlsamkeit, Fürsorge, Anerkennung von anderen etc. notwendig.

Ein Beispiel für die gleichheitstheoretische Perspektive:

> Erfahrungen in der pädagogischen Praxis zeigen, dass Mädchen nach wie vor ein geringeres Interesse an Technik zeigen. Diese alltäglichen Beobachtungen werden durch zahlreiche wissenschaftliche Untersuchungen bestätigt.[6] Wie ist diese Realität zu erklären? Im Sinne der gleichheitstheoretischen Perspektive mangelt es Mädchen nicht aufgrund ihrer biologischen Anlagen an technischen Fähigkeiten und Interessen. Vielmehr werden diese Fähigkeiten und Interessen bei Mädchen wenig gefördert, so dass sie häufig ihr Interesse an der Technik verlieren bzw. gar nicht erst entwickeln.

*Pädagogischen Konzepten*, die auf den theoretischen Annahmen der Gleichheitsperspektive gründen, geht es darum, Mädchen und Jungen die Kompetenzen zu vermitteln, gleichberechtigt in der Gesellschaft teil zu haben. Da die gesellschaftlichen Bedingungen jedoch für Mädchen und Jungen sehr unterschiedlich sind, sollen sie in der pädagogischen Arbeit auch unterschiedlich gefördert und es soll ihnen der Zugang zu häufig bereits verschütteten Fähigkeiten und Kompetenzen eröffnet werden. Das heißt, dass bei Mädchen Möglichkeiten der Selbstbehauptung und Durchsetzung eigener Belange, die Teilhabe im öffentlichen und politischen Raum sowie der Erwerb technischer Kompetenzen gefördert werden soll. Dabei ist vor allem auch die Modellfunktion der erwachsenen Frauen von entscheidender Bedeutung.

In der pädagogischen Arbeit mit Jungen hingegen soll Beziehungsorientierung, Einfühlsamkeit und soziale Verantwortung gefördert werden. In ihrem Alltag kann ihnen vor allem durch das Verhalten der männlichen Pädagogen und/oder durch an-

---

[6] Vgl. u. a. Deutsche Shell 2000, S. 346.

dere Kinder vermittelt werden, dass sie auch schwach, klein und traurig sein dürfen.

Pädagogische Konzepte auf gleichheitstheoretischer Basis bargen und bergen jedoch auch *Gefahren*. Vor allem die so genannten emanzipatorischen Ansätze der Mädchenarbeit, die vielfach an den gleichheitstheoretischen Perspektiven anknüpften, wurden häufig missverstanden als kompensatorische Angebote, um angebliche Defizite und Probleme von Mädchen auszugleichen. Durch Konzepte und Materialien für Schule und Mädchenarbeit sollten diese Defizite ausgeglichen werden. Gleichzeitig wurde den Mädchen bei einigen dieser Angebote weiterhin abverlangt, individuelle Lösungen für gesellschaftliche Konflikte und Widersprüche zu finden. Von Jungen wurde dies auch weiterhin nicht erwartet.[7]

Aus der gleichheitstheoretischen Perspektive geht es um gleiche Rechte, Chancen und Teilhabemöglichkeiten von Mädchen/Frauen und Jungen/Männern. Durch Maßnahmen wie Quotierung und berufliche Förderung werden Frauen zwar im beruflichen Bereich zunehmend gleichgestellt. Dabei besteht jedoch das Risiko, dass die hierarchischen und beschädigenden Strukturen beispielsweise im Berufsleben nicht verändert werden, sondern Frauen sich diesen nun auch anpassen müssen.

## 2.2 Unterschiede produktiv machen: Die differenztheoretischen Perspektiven

Im Gleichheitsansatz stehen die geschlechtshierarchischen Strukturen und die über die so genannte geschlechtsspezifische Sozialisation erworbenen Geschlechterrollen im Mittelpunkt. Diese behindern Frauen und Mädchen in ihrer Entwicklung und tragen

---

[7] Vgl. Hartmann 1998.

dazu bei, dass sie in gesellschaftlichen Institutionen diskriminiert werden. Im Gegensatz dazu werden im Differenzansatz die Ungleichheiten der Geschlechter nicht mehr als äußere Geschlechterrollenanforderungen interpretiert, die aus der geschlechtsspezifischen Sozialisation resultieren. Vielmehr wird davon ausgegangen, dass sich die Ungleichheiten bereits in die sozialen Verhältnisse moderner Gesellschaften eingeschrieben haben.

> Aus differenztheoretischer Perspektive unterscheiden sich Frauen und Männer tatsächlich in ihren Lebensäußerungen, da sie historisch und aktuell in unterschiedlichen Erfahrungs- und Alltagswelten leben, die sie unabhängig von ihrem Wollen in soziale Gestaltungsprinzipien einbinden. D. h. Frauen denken, fühlen und handeln anders als Männer. Im Differenzansatz wird also nicht mehr die Gleichheit, sondern die Differenz der Geschlechter fokussiert.

Die Unterschiede zwischen Frauen und Männern mit ihren jeweiligen Stärken, Schwächen und Interessen werden hierbei aus den unterschiedlichen Sozialisationsbedingungen sowie den differenten Lebenswelten und -räumen interpretiert und analysiert. Ausgangspunkt ist die Erkenntnis, dass in Gesellschaft, Kultur, Politik, Wissenschaft und Pädagogik, Mädchen und Frauen und ihre Lebenswelten vernachlässigt oder gar ignoriert werden.

## Die Perspektive der differenztheoretischen Ansätze auf die Realität

*Kritikpunkt* der differenztheoretischen Perspektive ist die Verallgemeinerung des „Männlichen" in der Gesellschaft und die Abwertung des „Weiblichen". D. h., dass Verhaltens-, Denk- und

Gefühlsweisen, die eher Jungen und Männern zugeschrieben werden, wie Durchsetzungsvermögen, Selbstbehauptungsstreben und Autonomie, als menschlich verallgemeinert und gesellschaftlich hoch anerkannt werden. Die Verhaltens-, Denk- und Gefühlsweisen, die eher von Mädchen und Frauen erwartet werden, wie Einfühlungsvermögen, Fürsorglichkeit etc., werden hingegen gesellschaftlich wenig wahrgenommen und wertgeschätzt. Besonders deutlich herausgearbeitet wurde die geringe gesellschaftliche Wertschätzung von Haus- und Erziehungsarbeit, von pflegerischen und von pädagogischen Berufen.

Vor diesem Hintergrund stehen im Mittelpunkt des differenztheoretischen Ansatzes die anderen Lebenswelten von Mädchen, die spezifischen Lebens- und Konfliktbewältigungsstrategien, das „andere Arbeitsvermögen" der Frau,[8] das „andere Denken" der Frau und nicht zuletzt die „andere Moral"[9] der Frau.

*Zielsetzung* ist es, die Verallgemeinerung und Höherbewertung von „Männlichkeit" kritisch zu reflektieren und „Weiblichkeit" aufzuwerten.

*Die politische Strategie* der Differenzperspektive besteht darin, durch die Akzentuierung der Unterschiede der Geschlechter Gleichberechtigung und Gleichbewertung von Frauen und Männern zu erreichen. Es geht um die gleiche Bewertung des „Weiblichen" und des „Männlichen" und damit auch der weiblichen und der männlichen Lebenswelten. Ein Beispiel für den differenztheoretischen Blick auf die vorfindbare Realität:

> Aus differenztheoretischer Perspektive sind Mädchen keine „Mängelwesen", mit Problemen und Defiziten, wenn sie z. B. eine geringere Fähigkeit haben, sich selbst zu behaupten oder sich nicht so sehr für Wirtschaft und Technik interes-

---

[8] Vgl. Beck-Gernsheim 1981; Ostner 1982.
[9] Vgl. Gilligan 1984.

sieren. Vielmehr wird betont, dass Mädchen Ressourcen und Fähigkeiten haben, wie z. B. die Fähigkeit Beziehungen zu gestalten, sich einzufühlen oder für andere zu sorgen.

*Pädagogische Konzepte,* die die Arbeit mit Mädchen u. a. mit den theoretischen Annahmen dieser Perspektive begründen, orientieren sich an den differenten Lebenswelten von Mädchen. Die Fähigkeiten und Interessen von Mädchen werden hervorgehoben und gefördert. Ausgangspunkt der pädagogischen Arbeit sind die Stärken und die Ressourcen von Mädchen. So wird beispielsweise Einfühlungsvermögen, Beziehungsorientierung und Fürsorge im Alltag sichtbar gemacht, bewusst wertgeschätzt und bei den Mädchen gefördert. Soziale und pflegerische Kompetenzen werden bestärkt bzw. in der pädagogischen Praxis vermittelt.

Die differenztheoretische Perspektive birgt allerdings auch *Risiken.* Denn die Strategie, eine Gleichberechtigung und -bewertung der Geschlechter erreichen zu wollen, indem die Unterschiede betont werden, hat leicht eine Verstärkung der Differenzen zur Folge. Geschlechterstereotype werden festgeschrieben und quasi naturalisiert.[10] So gab es in der ersten Frauenbewegung Ansätze, die mit einem Konzept „geistiger Mütterlichkeit" die Ausweitung der mütterlichen Rolle auf die Gesellschaft begründeten. Frauen seien aus diesem Grund in besonderer Weise für soziale Berufe geeignet. Diese politische Strategie erleichterte Frauen zwar den Weg in die Berufstätigkeit, doch die unerwünschten Nebenwirkungen sind bis heute noch spürbar: Denn vielfach ist zu hören, zumindest in alltagstheoretischen Äußerungen, dass soziale Berufe von „jeder" ausgeübt werden könnten und somit professionelle Ausbildung und Studium dafür weniger wichtig seien.

---

[10] Vgl. Gildemeister/Wetterer 1992, S. 241.

Die Differenzperspektive läuft zudem Gefahr, alte Bilder und Vorstellungen von der Frau als der ganz und gar anderen zu unterstützen – und zwar insbesondere dann, wenn historische und ökonomische Bedingungen nicht beachtet werden. Auf diese Weise wird das kulturelle System der Zweigeschlechtlichkeit stabilisiert, denn es basiert ja gerade auf Polarisierungen, wie z. B. zwischen Geist und Körper, Verstand und Gefühl, Arbeit und Leben, Privatleben und Öffentlichkeit, die mit Männlichkeit und Weiblichkeit verbunden werden.[11]

Hier wird deutlich, wie wichtig es für eine geschlechtsbewusste Pädagogik ist, die verschiedenen Ansätze in der Geschlechterforschung, d. h. Differenzansatz und Gleichheitsansatz, in die eigene Arbeit mit einzubeziehen.

Denn Differenz von Frauen/Mädchen und Männern/Jungen ohne Gleichheit bedeutet gesellschaftliche Hierarchie und damit Ab- und Aufwertungen sowie ökonomische Ausbeutung. Gleichheit ohne Differenz bedeutet Anpassung, Ausgrenzung von „Anderen", Assimilation und „Gleichmacherei".[12]

---

[11] Als problematisch sind jedoch m.E. jene differenztheoretischen Richtungen zu betrachten, die biologisch argumentieren. Hier wird der Geschlechtsunterschied als biologischer Fakt, als essentieller Wert und damit als unveränderbar begriffen. So gibt es beispielsweise Projekte der Jungen- und Männerarbeit, die eine Rückbesinnung auf das „wahrhaft Männliche" fordern. Hier sollen Männlichkeitsrituale eingeübt werden, um sich angesichts der irritierenden und widersprüchlichen Anforderungen moderner Männlichkeitskonzepte wieder auf „das natürlich-Männliche" rückzubesinnen bzw. auf das, was sie als natürlich männlich beschreiben (beispielsweise Körperlichkeit im Kampf, Selbstbehauptung, Initiation in die Männerwelt durch eine Prüfung).

[12] Vgl. Prengel 1993, S. 182.

## Komplexe soziale Ungleichheiten

Die Differenzperspektive regte daher dazu an, komplexere soziale Ungleichheiten wahrzunehmen. Vor allem durch die Zusammenarbeit von Frauen aus verschiedenen Kulturen wurde deutlich, dass es nicht „die Frauen" und „die Männer" und damit auch nicht „die Opfer" und „die Täter" gibt.[13] Es waren dabei vor allem schwarze Frauen, die darauf aufmerksam machten, dass die Lebensbedingungen von schwarzen Männern und Frauen sehr viel ähnlicher seien, als jene zwischen weißen und schwarzen Frauen. Insbesondere weiße christliche Frauen, die der Mittelschicht angehören, profitieren von Reichtum und Privilegien und haben teil an der Dominanz der Länder im Norden, gegenüber jenen im Süden der Welt.

> Wenn es um soziale Ungleichheiten unter Menschengruppen geht, ist es also wichtig, nicht nur die Kategorie Geschlecht als Zuweisungs- und Ordnungsmechanismus gesellschaftlicher Positionen, Tätigkeiten und Ressourcen zu betrachten, sondern auch andere Zuweisungsmechanismen einzubeziehen.

Nur so können die Differenzen und die sozialen Unterschiede unter Frauen und unter Männern bzw. unter Mädchen und unter Jungen berücksichtigt werden. Mädchen und Frauen sind deshalb immer mit „doppeltem Blick" zu betrachten: im Verhältnis zu Jungen und Männern derselben Schicht, Nationalität, Ethnizität und desselben Alters und im Verhältnis zu Mädchen und Frauen anderer Schicht, Nationalität, Ethnizität und anderen Alters. Dasselbe wird für die Betrachtung von Jungen/Männer als Gruppe und deren Lebensbedingungen gefordert.

---

[13] Vgl. Thürmer-Rohr 1987, Albrecht-Heide 1987.

Um die Unterschiede der Lebensbedingungen unter Mädchen zu berücksichtigen, wurden in der pädagogischen Arbeit auch die Über- und Unterordnungsverhältnisse unter Mädchen kritisch betrachtet: z. B. zwischen Mädchen deutscher Herkunft und beispielsweise türkischer Herkunft, zwischen heterosexuellen und lesbischen, behinderten und nichtbehinderten Mädchen.[14]

Der Blick wurde auch darauf gerichtet, welche Gewinne und Vorteile Mädchen daraus ziehen, wenn sie sich beispielsweise über ihr Aussehen definieren, sich untereinander weniger wertschätzen oder sich vorwiegend auf Jungen beziehen. Denn gerade das traditionale Geschlechterverhältnis beinhaltet Versprechen und bietet Mädchen die Möglichkeit, sich überlegen zu fühlen: „Lass doch die Jungs Macker spielen, die tun das nur, um uns zu imponieren." Die Probleme bzw. die Verlustseiten, die darin liegen, werden jedoch häufig nicht gesehen.[15]

Auch die Jungen produzieren „Männlichkeit", indem sie beispielsweise toben und ihre Räume verteidigen und vor allem, indem sie sich von den Mädchen abgrenzen. Es handelt sich hier um gemeinsame Inszenierungen, mit dem Ziel, die eigene Geschlechtsidentität zu entwickeln bzw. sich ihrer zu versichern und sie der Umwelt zu zeigen. Hier werden also nicht Geschlechterrollen passiv übernommen, sondern es handelt sich um ein Beispiel, wie Jungen und Mädchen aktiv mit den gesellschaftlich gegebenen Geschlechterverhältnissen und -stereotypen umgehen.

In der Mädchenarbeit wurden überdies Veränderungskonzepte entwickelt, die die Bezugnahme und Wertschätzung von Mädchen

---

[14] Praktikerinnen und Theoretikerinnen setzten sich dabei bereits in den achtziger Jahren mit der Frage auseinander, was Mädchen und Frauen selbst zum hierarchischen Geschlechterverhältnis beitragen, indem sie die Differenzen und Dominanzen mittragen: unbewusst, nicht unbedingt zu ihrem eigenen Vorteil, und nicht aus der ersten Reihe – aber dennoch. Vgl. u. a. Albrecht-Heide 1987; Thürmer-Rohr 1987, Tatschmurat 1996, S. 15.

[15] Vgl. Helfferich 1998, S. 37.

untereinander sowie von Mädchen und Frauen fördern können. Kritisch wurde und wird auch die Rolle der PädagogInnen hinterfragt, wie diese Mädchen in ihrer selbstbestimmten Lebensgestaltung behindern oder auf die traditionelle „Weiblichkeit" hin einengen. Bei dieser Betrachtung des aktiven Beitrags von Mädchen und Jungen sowie von Frauen und Männern an der Aufrechterhaltung der ungleichen Geschlechterverhältnisse ist auch bereits ein Übergang zu den (de-)konstruktivistischen Perspektiven zu sehen.

## 2.3 Handlungsräume offen halten: Die (de-)konstruktivistischen Perspektiven

Das Verbindende des Gleichheits- und Differenzansatzes liegt darin, dass sie scheinbar geschlechtsneutrale Handlungen oder Haltungen und geschlechtshierarchische Strukturen entlarven. Das Erkenntnisinteresse richtet sich darauf, *„warum"* es ungleiche Geschlechterverhältnisse gibt und Mädchen und Jungen unterschiedliche Denk-, Gefühls- und Verhaltensweisen zeigen. Frauen und Männer werden als soziale Positionen gesetzt, d. h. man *ist* Frau oder Mann, Mädchen oder Junge. Genau das wird vom (de-) konstruktivistischen Ansatz,[16] der in den neunziger Jahren an Bedeutung gewonnen hat, radikal in Frage gestellt. Diese Perspektive verweist darauf, dass Geschlecht nichts ist,

---

[16] Auf die theoretischen Hintergründe des Sozialkonstruktivismus und die Unterschiede zwischen rekonstruktivistischen und dekonstruktivistischen Theorien werde ich nicht eingehen, da dies den Rahmen der Ausführungen sprengen würde. Für die geschlechtsbewusste Pädagogik geht es jedoch sowohl darum, das soziale Werden von Mädchen und Jungen in unserem kulturellen System der Zweigeschlechtlichkeit zu rekonstruieren als auch Mädchen und Jungen darin zu unterstützen, wenn sie Geschlechterzuweisungen überschreiten bzw. bereits überschritten haben (also dekonstruieren).

das man hat, sondern dass man Geschlecht vor allem ausübt, praktisch hervorruft, „tut" (doing gender).

> In der dekonstruktivistischen Perspektive wird also gefragt, *„wie"* Frauen und Männer, Mädchen und Jungen ihre Geschlechterrollen und die Geschlechterdifferenz im alltäglichen Tun immer wieder reproduzieren oder auch verändern. Bei dieser Perspektive kommt vor allem der aktive Beitrag von Mädchen bzw. Frauen und Jungen bzw. Männern in den Blick.

Die (de-)konstruktivistischen Theorieansätze zielen darauf ab, dass Menschen durch Normen und Werte, durch Erziehung, Traditionen, Institutionen und Ideologien überhaupt erst zu Mädchen bzw. Frauen und Jungen bzw. Männern werden. Damit ist gemeint, dass Frauen nicht qua Natur beziehungsorientiert sind oder die Bestimmung in sich tragen, Hausfrau, Erzieherin oder Krankenschwester zu werden.[17] Es geht um das „Geworden-Sein" und das soziale „Werden" zu dem, was zu einem bestimmten historischen Zeitpunkt und in der jeweiligen Kultur mit Frau- und Mann-Sein verbunden wird.

*Grundlage* der konstruktivistischen Perspektiven ist, dass all das, was wir im Denken, Fühlen und Handeln von Mädchen bzw. Frauen und Jungen bzw. Männern wahrnehmen und was wir in dieser Gesellschaft unter Männlichkeit und Weiblichkeit verstehen, Ergebnisse sozialer Konstruktionen sind. Aus dieser Perspektive erscheinen die geschlechtstypischen Unterschiede und deren implizite Bewertung als Ergebnisse kulturhistorischer sowie gesellschaftlich-ökonomischer Prozesse. Diese Prozesse sind niemals abgeschlossen. Die Geschlechterverhältnisse sind daher veränderbar.

---

[17] Vgl. Villa 2001, S. 17.

Ein ganz wesentliches Element der (de-)konstruktivistischen Perspektive ist die Überzeugung, dass wir „Männlichkeit" und „Weiblichkeit" in der alltäglichen Interaktion aktiv herstellen, ohne dass dies eine bewusste und reflektierte Handlung wäre.

Ein Beispiel für die (de-)konstruktivistische Perspektive auf die Realität:

Geschlechtstypische Verhaltensweisen, die Mädchen und Jungen beispielsweise im Kindergarten zeigen, werden aus der konstruktivistischen Perspektive weder als biologische Unterschiede noch als Anpassung an die weibliche bzw. die männliche Rolle gedeutet, sondern als aktive und produktive Orientierungs- und Verarbeitungsleistungen von Mädchen und Jungen. Die Kinder setzen sich aktiv mit der vorfindbaren Realität der Geschlechterverhältnisse auseinander, die beinhaltet, dass es z. B. überwiegend Frauen sind, die die Kinder im Alltag als Mutter, Hausfrau, Erzieherin und Lehrerin erleben, und dass Väter und Männer in ihrem konkreten Alltag wenig verfügbar bzw. erlebbar sind.

Sie setzen sich mit dieser Situation auseinander, indem sie untereinander und miteinander experimentieren, inszenieren und ausprobieren, was es in unserer Kultur bedeutet, „weiblich" oder „männlich" zu sein: Welche Eigenschaften schreiben mir die anderen zu? Wie soll ich mich als Mädchen bzw. als Junge verhalten? Wie kann ich zeigen, dass ich ein Mädchen bzw. dass ich ein Junge bin? Lassen sich diese Verhaltensanforderungen und Zuschreibungen mit meinen Wünschen, Bedürfnissen und Interessen verbinden? Vor allem im gemeinsamen Spiel stellen sie situativ das Verhältnis der Geschlechter her, reproduzieren oder variieren es und überschreiten auch Geschlechterzuweisungen.

Aus (de-)konstruktivistischer Perspektive geht es also vor allem um die Frage nach dem „wie", also darum, wie Geschlecht bzw. Geschlechterverhältnisse konstruiert, reproduziert, variiert und auch verändert werden. Darüber hinaus wird Geschlecht verstanden als eine kulturell und historisch bestimmte Art und Weise, als Mädchen bzw. Frau oder als Junge bzw. Mann zu existieren, als eine komplexe Verbindung historisch entstandener Denk- und Gefühlsweisen sowie Körperpraxen und -formen.[18]

Das heißt, dass auch der Körper nicht unberührt von der sozialen Praxis bleibt. Beispielsweise beschränken viele Kulturen die „Vergeschlechtlichung" ihrer Kinder nicht auf äußere Merkmale, wie Kleidung, Gestik oder Verhalten. Auch dem Körper wird gender eingeprägt: ob es in der traditionellen chinesischen Gesellschaft die Mädchen waren, deren Füße abgebunden wurden, oder die vorpubertierenden Mädchen, deren Klitoris in einigen afrikanischen Gesellschaften herausgeschnitten wird.[19]

Aber auch die Frauen, die in den westlichen Gesellschaften ihre Brüste mit Silikon vergrößern und sich mit Schönheitsoperationen die Gesichter verändern lassen, prägen dem Körper die kulturell und historisch jeweils üblichen Präsentationsweisen von „Weiblichkeit" und „Männlichkeit" ein. Neben diesen extremen Beispielen, finden wir jedoch auch alltäglichere Beispiele in unserer Gesellschaft, wie z. B. die jungen Mädchen und Frauen, die hungern und Diäten machen, damit sie dem zur Zeit in den westlichen Gesellschaften herrschenden kulturellen Ideal von weiblicher Schönheit entsprechen.

*Zielsetzung* der (de-)konstruktivistischen Perspektive ist es, die Geschlechterverhältnisse als produzierte sichtbar zu machen,

---

[18] Maihofer 1995.
[19] Vgl. Lorber 1999, S. 60.

um die geschlechtsspezifisch strukturierten Lebens- und Arbeitsbereiche aufzuheben und damit die gleichberechtigte Teilhabe von Mädchen bzw. Frauen und Jungen bzw. Männern im öffentlichen, politischen und privaten Bereich zu ermöglichen.

## Die Perspektive der (de-)konstruktivistischen Ansätze auf die Realität

In diesen Ansätzen werden die scheinbar typisch weiblichen und typischen männlichen Verhaltensweisen als Ausdruck einer historischen, kulturellen und sozialen, also einer gesellschaftlichen Formung, (re-)konstruiert. Gefühls-, Denk-, Verhaltensweisen und Körperpraxen von Jungen und Mädchen sind somit immer auch spezifische Bewältigungs- und Lebensstrategien vor dem Hintergrund der jeweiligen Lebensbedingungen. Den Unterschied zwischen der (biologisch begründeten) Differenzperspektive und der konstruktivistischen Perspektive möchte ich an einem Beispiel veranschaulichen. Denn es handelt sich hier um eine prägnante Veränderung der Blickrichtung:

> Während aus der Differenzperspektive der Blick vor allem auf das – im Gegensatz zu Jungen – gering ausgeprägte Macht- und Selbstbehauptungsstreben von Mädchen gerichtet ist, richtet er sich aus konstruktivistischer Perspektive auf die unterschiedlichen Ausdrucksformen. Bei dieser Betrachtungsweise wird Mädchen kein fehlendes Macht- und Selbstbehauptungsstreben zugeschrieben. Vielmehr wird gefragt, welche Zugänge Mädchen zu Macht gefunden und welche Möglichkeiten sie zur Durchsetzung eigener Belange entwickelt haben. Vor dem Hintergrund der spezifischen kulturhistorischen und der individuellen Entwicklung in unserer Gesellschaft wird m.E. sichtbar: Während Jungen ihr Streben

nach Macht eher durch Selbstbehauptung ausdrücken, gelingt das Mädchen eher durch Macht in Beziehungen (Beziehungsmacht).

Aus der konstruktivistischen Perspektive werden die geschlechtstypischen Ausdrucksformen rekonstruiert und Mädchen und Jungen können neue Möglichkeiten, jenseits von erlernten geschlechtsstereotypen Weiblichkeits- und Männlichkeitsmustern, eröffnet werden. Die Perspektive veranschaulicht, wie Mädchen bzw. Frauen und Jungen bzw. Männer im alltäglichen Umgang aktiv die Geschlechterverhältnisse (re-)produzieren. Und sie sensibilisiert zugleich dafür, hinzuschauen, *wo* und *wie* Mädchen und Jungen Geschlechterzuweisungen überschreiten und bereits überschritten haben.

Im pädagogischen Prozess ist es daher wichtig, diese Ausdrucksformen wahrzunehmen und wertzuschätzen als kreative Bewältigungsstrategien und aktive Leistung, ohne die eine oder andere Seite zu bewerten.

Aus diesem Grund kommt im pädagogischen Prozess der Beobachtung der alltäglichen Kommunikation und Interaktion eine besondere Bedeutung zu. Daraus leitet sich das pädagogische Handeln ab, d. h. welche Erfahrungsräume Kindern für die Auseinandersetzung mit und Entwicklung ihrer geschlechtlichen Identitäten angeboten werden. Diese Prozesse schließen natürlich auch die kritische Beobachtung des eigenen Verhaltens mit ein. Denn „Pippi Langstrumpf" oder die „rote Zora" haben nur eine Chance, „Weiblichkeit" zu dekonstruieren, wenn Erwachsene das Verhalten von Mädchen, die sich selbstbewusst durchsetzen wollen, nicht behindern oder gar im Keim ersticken.

*Pädagogische Handlungsansätze*, die sich auf die (de-)konstruktivistischen Theorieperspektiven beziehen, unterstützen Jungen bzw. Mädchen dabei, zu entdecken, wer sie sind, was zu ihren Interessen und Fähigkeiten gehört und nicht etwa, was als männlich oder als weiblich gilt. Dazu gehört auch, sie zu fördern, die jeweils dem anderen Geschlecht zugeordneten Seinsweisen für sich anzuerkennen.

Mädchen und Jungen werden hier mit Bezug auf ihre Geschlechtergruppe betrachtet, so dass Gemeinsamkeiten und Unterschiede unter Mädchen und unter Jungen berücksichtigt werden können. Zugleich wird einbezogen, was sich zwischen Mädchen und Jungen abspielt, was beide gemeinsam an sozialen Situationen herstellen. Dementsprechend wird neben der Mädchenarbeit auch Jungenarbeit und geschlechtsbewusste Pädagogik in koedukativen Arbeitsformen gefordert.

## Zusammenfassung

In der Praxis der geschlechtsbewussten Pädagogik sind alle theoretischen Perspektiven – der Gleichheits-, der Differenz- und der (de-)konstruktivistische Ansatz – mehr oder weniger stark als Hintergrund und Haltung präsent. Allerdings nicht in „Reinkultur", sondern vermischt, parallel und mit unterschiedlichen Schwerpunktsetzungen. Die theoretischen Ansätze eröffnen uns jeweils unterschiedliche Perspektiven auf die Realität und damit auch Kriterien zur Analyse derselben. Die Ziele und Visionen unterscheiden sich ebenso wie die politischen und die pädagogischen Veränderungsansätze, um diese Ziele zu erreichen.

Für die Praxis geschlechtsbewusster Pädagogik erscheinen mir alle drei vorgestellten theoretischen Perspektiven hilfreich, um das im Berufsalltag beobachtbare Verhalten zu analysieren und Handlungsansätze zu entwickeln: aus der Perspektive des

Gleichheitsansatzes, gleiche Rechte und Chancen sowie gesellschaftliche Teilhabe von Mädchen und Jungen zu ermöglichen, aus der Perspektive des Differenzansatzes, Mädchen und Jungen in ihrer Unterschiedlichkeit wahrzunehmen und schließlich aus der (de-)konstruktivistischen Perspektive zu beobachten, wie Mädchen und Jungen „Weiblichkeit", „Männlichkeit" und die Geschlechterverhältnisse situativ herstellen und wie sie Geschlechterzuweisungen überschreiten und bereits überschritten haben.[20]

Um Mädchen und Jungen in ihrer Lebendigkeit und der Vielfalt und Unterschiedlichkeit ihrer Interessen, Fähigkeiten und möglichen Seinsweisen zu fördern, bedarf es geschlechtssensibel und geschlechtsbewusst arbeitender Pädagoginnen und Pädagogen, die sich mit den Lebenswelten von Mädchen und Jungen und ihren Sozialisationsprozessen auseinandersetzen.

---

[20] Vgl. Nissen 1998, S. 88.

# 3 Zur Bedeutung von Sozialisation und lebensweltlichen Zusammenhängen

## 3.1 Wie die Geschlechtszugehörigkeit die Persönlichkeitsentwicklung beeinflusst – Doing Gender von Kindheit an

Bei der Entwicklung der geschlechtlichen Identität spielen Sozialisationsprozesse und lebensweltliche Zusammenhänge eine wesentliche Rolle. Der Einfluss sozialer und kultureller Faktoren beginnt bereits mit der Geburt und ist auch während der frühen Kindheit besonders intensiv. Insofern kommt der geschlechtsbewussten Pädagogik in Kindertagesstätten eine große Bedeutung zu, zumal Kinder heute rund 4000 Stunden in einem Kindergarten verbringen.[1] Die Sozialisationsforschung und die wenigen Studien zu den Sozialisationsbedingungen von Mädchen und Jungen in Kindertageseinrichtungen[2] bestätigen diese Notwendigkeit.

In den folgenden Ausführungen wird es darum gehen, auf welchen Ebenen Sozialisationsprozesse und lebensweltliche Bedingungen die Entwicklung der Geschlechtsidentitäten von Mädchen und Jungen beeinflussen. Und es wird dargestellt, auf welche Weise sie diese Prozesse aktiv mitgestalten. Denn Erkenntnisse der Sozialisationsforschung zeigen, dass Mädchen und Jungen nicht passiv in ihre Umwelt hineinsozialisiert wer-

---

[1] Elschenbroich 2001, S. 15.
[2] Vgl. u. a. Bodenburg 2000.

den, sondern sich aktiv mit der sie umgebenden Welt und damit auch mit den Geschlechterverhältnissen auseinandersetzen.[3]

## Sozialisation im kulturellen System der Zweigeschlechtlichkeit

Sozialisation wird in der Forschung als ein aktiver Prozess der Aneignung und Auseinandersetzung mit Umweltbedingungen verstanden. Die Sozialisation dauert lebenslang, von der pränatalen Phase bis zum Tod. Allerdings sind Sozialisationsprozesse in der frühen Kindheit besonders intensiv.[4] Die Pubertät stellt eine zweite wichtige Phase dar, weil hier der Übergang von der familialen zur öffentlichen, gesellschaftlichen Sozialisation erfolgt. Entwicklung vollzieht sich dabei weder mechanisch noch nach einem einfachen Ursache-Wirkungszusammenhang, sondern ist ein vielschichtiges Geschehen, in dem Ordnung und Chaos sich mischen.[5]

Dabei greifen viele Faktoren – individuelle und sozial strukturierte – ineinander, bedingen sich gegenseitig, verstärken oder vermindern sich. So ist es zum Beispiel ein großer Unterschied, ob ein Kind als Tochter eines ungelernten Arbeiters und einer gelernten Angestellten türkischer Herkunft aufwächst oder als Sohn eines Erziehers und einer Lehrerin, die deutscher Herkunft sind. Lebensweltliche Rahmenbedingungen, z. B. welcher Schicht oder welchem Geschlecht ein Kind angehört, ob es auf dem Land oder in der Stadt, in einem reichen oder armen Land aufwächst, beeinflussen die Entwicklung. Denn jede Persönlichkeitsentwicklung ist zwar einmalig, aber es gibt zugleich auch

---

[3] Vgl. u. a. Bilden 1980; Hagemann-White 1984; Breidenstein; Kelle 1998; Lorber 1999; Nissen 1998; Faulstich-Wieland 2000.
[4] Vgl. Prengel 1996.
[5] Vgl. Kagan 2001.

typische Formen der Sozialisation, die ähnliche Muster hervorbringen.[6] Diese existieren z. B. zwischen den Kulturen, zwischen historischen Epochen, zwischen Generationen, Schichten und eben auch zwischen den Geschlechtern. Sozialisationsmuster stehen nicht einfach nebeneinander, sondern sind hierarchisch geordnet. Denn es gibt Hierarchien zwischen den Kulturen, den Schichten und den Geschlechtern.

Für die Sozialisation von Mädchen und Jungen haben die kulturellen und gesellschaftlichen Rahmenbedingungen, in die sie hineingeboren werden, eine große Bedeutung. Mädchen und Jungen sind von Geburt an immer schon von geschlechtsstrukturierten Erfahrungsfeldern (in der eigenen Kultur, Gesellschaft, Stadt bzw. Dorf, Elternhaus, Kindertageseinrichtung und viele andere Institutionen) umgeben. Diese Strukturen können wir nicht so einfach beseitigen, aber wir können uns aktiv darin bewegen, sie modifizieren und variieren. Aussagen zum Aufwachsen von Mädchen und Jungen müssen daher stets beide Aspekte berücksichtigen: die Strukturen und die Subjekte, die in diesen Strukturen handeln.[7]

Um genauer zu verstehen, wie Mädchen und Jungen in einer von Geschlechterdifferenz und -hierarchie geprägten Gesellschaft aufwachsen, müssen sowohl die gesellschaftlichen Verhältnisse als auch die innerpsychischen Vorgänge betrachtet werden.

Wie die Wechselwirkungen zwischen Kind und Umwelt konkret aussehen und wie Kinder sich im Zuge ihrer Entwicklung aktiv mit dem kulturellen System der Zweigeschlechtlichkeit auseinandersetzen und sich „Weiblichkeit" und „Männlichkeit" aneignen, wird im Folgenden schlaglichtartig beleuchtet.

---

[6] Vgl. u. a. Prengel 1996, S. 64; Nissen 1998, S. 23.
[7] Vgl. Daigler, Bitzan 2001, S. 24.

## Geschlechterverhältnisse im sozialen Umfeld

Heutzutage haben Eltern kaum andere Erwartungen an ihre Söhne als an ihre Töchter. Sie wünschen sich für ihr Kind, dass es stark, im Sinne von sozial verantwortlich, autonom, einigermaßen durchsetzungsfähig, klug und zärtlich ist. Sie wünschen sich, dass ihr Kind mit den Aufgaben, die es im Leben zu bewältigen hat und haben wird, umzugehen vermag. Neben diesen Erziehungsbemühungen der Erwachsenen beeinflusst jedoch vor allem die Beobachtung konkreter Verhaltensweisen von Frauen und Männern (Modellfunktion) die Entwicklung von Mädchen und Jungen. Vor allem die erlebte Aufgaben- und Arbeitsteilung der Geschlechter und die Beziehungen zwischen Frauen und Männern spielen eine wichtige Rolle. Denn daran werden unterschiedliche Bewertungen und häufig noch eine Orientierung an traditionellen Geschlechterrollen sichtbar. Die Ungleichheiten in den Geschlechterverhältnissen werden von Kindern auf vielfältige Weise wahrgenommen und haben Einfluss auf ihre weibliche bzw. männliche Identitätsentwicklung.

Kinder lernen im Laufe ihrer Sozialisation (also ihrer aktiven Auseinandersetzung mit der Welt) sehr schnell, dass Frauen und Männer unterschiedliche Zuständigkeitsbereiche haben. Sie erleben, dass Frauen für den Bereich der mitmenschlichen Fürsorge, für Beziehungs- und Reproduktionsarbeit zuständig sind, während Männer die entscheidenden Positionen in Politik, Kultur und Ökonomie innehaben. Frauen sind es meist auch, die in der Familie, in Kindertagesstätte, im Kindergarten, Hort und Schule für Mädchen und Jungen als primäre Bezugspersonen anwesend sind. Kinder lernen aber nicht nur, dass Männern und Frauen unterschiedliche Lebenswelten zuzuordnen sind, sondern sie beobachten auch, dass diese ganz unterschiedlich bewertet werden, d. h. mehr oder weniger attraktiv sind. Ein Beispiel:

„Im Laufe des Tages fragt Annelie (1 Jahr, 8 Monate) mehrere Male nach allen männlichen Bekannten, fragt danach, wo sie denn seien. Rudi, Joachim, Papi, Walter, Hans – alle sind beim Arbeiten, und wundersamerweise haben ich und all die anderen Frauen nachmittags gelegentlich Zeit für sie zum Spielen. Die sind Lehrerinnen, arbeiten halbtags oder haben nachmittags mal früher frei und nehmen sich Zeit. Frauen sind gegenwärtiger in ihrem Leben. Männer umgibt immer die geheimnisvolle Aura des Woandersseins. Erst jetzt, als mir diese Tatsache auffällt, weil sie gehäuft auftritt, beginne ich zu überlegen, dass ich (…) auf ihre tägliche Frage, wo denn Papi sei, regelmäßig zur Antwort gebe: ‚Bei der Arbeit' (…) tun denn die Mütter nichts? Wer hat uns denn allen – Männern und Frauen – das Gehirn so verdreht, dass als Arbeit nur zählt, was Geld bringt und außer Haus stattfindet …"[8]

## Geschlechterverhältnisse im medialen Umfeld

Geschlechterstereotype werden nicht nur durch die nächsten Bezugspersonen vermittelt, sondern auch durch die weitere soziale Umwelt. Medien sind inzwischen neben Eltern, Kindertageseinrichtungen und Schule zu einer eigenständigen Sozialisationsinstanz geworden. Die zunehmende „Medialisierung" in ihren Auswirkungen auf Kindheit und Jungend und auf Kinder und Jugendliche ist noch gar nicht absehbar.[9] Fest steht jedoch, dass Medien, wie zum Beispiel Werbung und Fernsehen, aber auch Spielzeug und Kinderbücher, das Bild der Kinder von dem bestimmen, was in unserer Gesellschaft als „weiblich" und

---

[8] Graburger 1985, nach Klees-Möller 1998, S. 23.
[9] Vgl. Focks 2000, S. 67.

was als „männlich" gilt. Die dort vermittelten Geschlechterstereotypen geben Mädchen und Jungen Orientierungsmöglichkeiten, was in unserer Gesellschaft Frau-Sein bzw. Mann-Sein ausmacht. Aus diesem Grund müssen viele Eltern und ErzieherInnen, die ihre Kinder nicht geschlechtstypisch erziehen wollen, feststellen, dass der Einfluss der gesellschaftlichen „Miterzieher" eine zentrale Rolle spielt.

Im Rahmen eines Projekts zu Medienerfahrungen von Kindern wurden Kinder in 18 Kindergärten jeweils etwa sechs Wochen lang beim Spielen beobachtet.[10] Dabei wurde festgestellt, dass Kinder Medienerfahrungen in ihre Spiele integrieren. Jungen orientieren sich vor allem an Medienfiguren, die mit Abenteuer und Action zu tun haben. Mädchen übernehmen in der Regel die frauentypischen Rollen, d. h. sie werden bedroht, gefangen oder gerettet (nicht immer freiwillig). Sie spielen vor allem Ballerinas, Prinzessinnen sowie Hochzeiten oder Alltagssituationen von Hausarbeit bis Fernsehen. Die geschlechtstypischen Muster der Spiele der Kinder entsprachen den medialen Vorlagen.

Beobachtungen des Rollenspiels von Jungen machen deutlich, dass viele der in den Medien dargestellten Männlichkeitsideale vom körperlich starken und vor allem überlegenen Mann geprägt sind.

*„Jungen gerieten wie selbstverständlich in dominante, grobmotorisch anspruchsvolle, riskante, aber auch unsoziale Rollen, zum Beispiel als bestimmender Anführer, Prahler voller Heldentaten, mutiger Retter in größter Not, Angst einjagender Räuber (...) und kraftstrotzender Beschützer."*[11]

---

[10] Barthelmes u. a. 1991, S. 97–104.
[11] Verlinden 1995, S. 176.

Auch in Kinderbilderbüchern finden sich vielfach Geschlechterstereotype wieder. Ebenso wie im Fernsehen tauchen dort Mädchen und Frauen seltener auf. Nur etwa ein Drittel aller Personen und aller Hauptpersonen waren, so zeigte eine Untersuchung von Kinderbilderbüchern, Frauen. Geschlechterstereotype fanden sich dabei vorwiegend in der Darstellung von Erwachsenen. Aber auch bei Kinderfiguren fand die Darstellung der Spielhandlungen und Eigenschaften in geschlechtsstereotypisierender Weise statt.[12] In einer neueren Untersuchung wurde zudem deutlich, dass es in den Büchern kaum abenteuerliche Heldinnen als Identifikationsfiguren für Mädchen gibt.[13] Vor allem aber mangelt es in den Büchern an erwachsenen Frauen, die sich trauen, ihre Überzeugungen zu vertreten, sich gesellschaftlich einzumischen und ihren Interessen zu folgen, obgleich es in Geschichte und Gegenwart durchaus reale Frauen gibt, die sich als Vorbilder und Modelle für Kinder- und Jugendbücher eigenen würden.[14]

Ebenso zeugt das vorhandene Spielzeug in Kindertageseinrichtungen bzw. der Umgang damit vielfach von einem unreflektierten Umgang mit Geschlechterstereotypen. Denn ein großer Teil des Spielzeugs wird entweder Mädchen oder Jungen zugeschrieben, was die Entwicklung geschlechtstypischer Verhaltensweisen befördert. Jungentypisches Spielzeug unterstützt „die selbstständige Auseinandersetzung mit den Gegebenheiten der modernen Gesellschaft" und schärft das Technikverständnis. Mädchentypisches Spielzeug dagegen fördert „einfühlsames, soziales und auf Haushaltsführung ausgerichtetes Verhalten" und bildet „das Alltagsgeschehen eher ab (...) als die Spielwelten von Jungen.[15]

---

[12] Schmerl u. a. 1988, S. 130–151.
[13] Vgl. Kehlenbeck 1996.
[14] Vgl. ebd., S. 242 ff.
[15] Müller-Heisrath, Kückmann-Metschies 1998, zit. nach Faulstich-Wieland 2001, S. 124.

Ein wichtiges Thema von Kinderspielen ist das Erwachsenwerden, das ebenfalls von Geschlechterrollen bestimmt ist. „Es geht also nicht darum, ein Erwachsener, sondern eine Frau oder ein Mann zu werden."[16] Mädchen können sich dabei aufgrund der herrschenden Arbeitsteilung in der Regel an realen Frauen in ihrer Umgebung (primäre Bezugsperson, Erzieherin, Lehrerin etc.) orientieren. Da Jungen in der Regel weniger reale männliche Vorbilder als primäre bzw. nahe Bezugsperson in ihrem Alltag verfügbar haben, greifen sie, um sich zu orientieren, sehr viel häufiger auf medial vermittelte Männlichkeitsbilder zurück und diese orientieren sich wiederum – wie oben bereits erwähnt – oftmals an traditionellen Geschlechterrollen.

## Geschlechterverhältnisse in der alltäglichen Interaktion

Je nach dem biologischen Geschlecht eines Kindes schreiben wir ihm unterschiedliche Denk-, Gefühls- und Handlungsweisen zu. Ausgehend von den biologischen Geschlechtsmerkmalen, werden an Mädchen und Jungen vielfach von Geburt an unterschiedliche Erwartungen gestellt. Schon in den ersten Lebensphasen, bevor ein Kind sich selbst als Mädchen oder Junge begreifen kann, beeinflussen – oft unreflektiert und ungewollt – überkommene Geschlechterstereotypen die Reaktionen auf kindliche Verhaltensweisen.

> So wurde in einer psychologischen Untersuchung[17] zwei Erwachsenengruppen das gleiche Baby gezeigt. Beide Gruppen wurden gebeten, Verhaltensweisen und Eigenschaften des Kindes zu beschreiben. Dabei wurde der einen Gruppe die

---

[16] Faulstich-Wieland 2001, S. 125.
[17] Vgl. Bilden 1991 zit. nach Klees-Möller 1998, S. 21.

Information gegeben, bei dem Kind handle es sich um ein Mädchen, der anderen wurde gesagt, dass es ein Junge sei. In den anschließenden Beschreibungen der Gruppen ergaben sich große Unterschiede. Während die eine Gruppe das Kind („Mädchen") als lieb, hübsch, artig und ruhig darstellte, beschreibt die andere Gruppe dasselbe Kind („Junge") als kräftig, stark und eher unruhig.

Die Untersuchung zeigt, dass viele Menschen die Geschlechtszugehörigkeit von Kindern nicht aufgrund des tatsächlichen Verhaltens beurteilen. Es ist vielmehr die angenommene Geschlechtszugehörigkeit, die entscheidend für die Verhaltens- und Eigenschaftsbeschreibungen ist. So werden auch im Alltag die biologischen Geschlechtsunterschiede häufig zum Anlass genommen, an das Verhalten von Mädchen und Jungen unterschiedliche Erwartungen zu stellen und sie unterschiedlich zu erziehen. Durch bestätigende oder auch ablehnende Reaktionen im Umfeld werden dann wiederum jene Gefühls-, Denk- und Verhaltensweisen unterstützt, die für Mädchen bzw. Jungen als typisch gelten. Wenn sich ein Mädchen beispielsweise in einer Kindergartengruppe raumgreifend, aggressiv und laut verhält, ist die Wahrscheinlichkeit groß, dass sie viel eher zur Ordnung gerufen wird als ein Junge. Das gleiche Verhalten, dieselben Tätigkeiten von Mädchen und Jungen werden unterschiedlich wahrgenommen, bewertet und in der alltäglichen Interaktion ganz unterschiedlich anerkannt und bestätigt bzw. abgelehnt. Viele Erzieherinnen und auch Mütter sind in Bezug auf die Anforderungen des praktischen Alltagslebens, wie Untersuchungen zeigen, Jungen gegenüber unbewusst nachsichtiger als gegenüber Mädchen.[18] Jungen werden beispielsweise nur unter großer Anstrengung zu Tischdiensten herangezogen.

---

[18] Vgl. u. a. Landeshauptstadt München 2000.

Aufschlussreich sind in diesem Zusammenhang Untersuchungen über das Verhalten von ErzieherInnen in Gruppengesprächen, wie z. B. in den Stuhlkreisen. Die Ergebnisse der Studien weisen darauf hin, dass Mädchen und Jungen nicht erst in der Schule, sondern bereits im Kindergarten – ungewollt und unbewusst – unterschiedlich gefördert werden.[19] Durchgängig bezogen sich die ErzieherInnen mehr auf Jungen als auf Mädchen, indem sie sie häufiger ansprachen, zum Gegenstand des Gesprächs machten oder zum Sprechen ermutigten und zur Herausarbeitung von Begriffen und Zusammenhängen aufforderten. Mädchen dagegen wurden häufiger unterbrochen und entmutigt. Indem den Jungen mehr Raum zum Sprechen zugestanden und gezieltere Lernanreize geboten wurden, erfuhren sie eine stärkere kognitive Förderung.[20]

Befragt nach ihrer Einschätzung des Verhaltens von Mädchen und Jungen, gaben in unterschiedlichen Studien viele ErzieherInnen an, dass sie die meisten Mädchen als unauffälliger und auch angepasster wahrnehmen. Mädchen gingen bereitwilliger auf die Angebote der Erzieherinnen ein, seien hilfsbereiter und insgesamt „pflegeleichter" und besser zu lenken als Jungen.[21] Selbstbewusste Mädchen werden dagegen häufig als schnippisch, zickig und sich überall einmischend beschrieben. Renate Klees-Möller fand in ihrer Untersuchung zu Mädchen im Hort heraus, dass Mädchen von den ErzieherInnen häufiger übersehen wurden und der Blick oft von Abwertung gefärbt war.[22]

Studien zu den Sozialisationsbedingungen von Mädchen und Jungen in Kindertageseinrichtungen zeigen, dass wir in der pädagogischen Arbeit mit Kindern die ungleichen Ge-

---

[19] Fried 1989, S. 471–492.
[20] Fried 1990, S. 61–70.
[21] Vgl. u. a. Preissing, Best 1985, Permien, Frank 1995, Klees-Möller 1998.
[22] Vgl. Klees-Möller 1998.

schlechterverhältnisse – ungewollt und unbewusst – verlängern und sogar verstärken, wenn wir uns nicht bewusst damit auseinandersetzen und unser Verhalten und das Verhalten der Kinder ebenso wie Regeln, Rahmenbedingungen, Räumlichkeiten usw. in der Einrichtung bewusst daraufhin beobachten und kritisch reflektieren.

## Sozialisation von Jungen und Mädchen: Gewinn- und Verlustseiten

Im Rahmen einer eher geschlechtstypischen Sozialisation werden Mädchen und Jungen vor allem in jenen Bereichen gefördert und bestärkt, die für ihr Geschlecht als typisch und „normal" gelten. Dadurch entwickeln sie in den jeweiligen Bereichen Fähigkeiten und Stärken und sind dann tatsächlich irgendwann dem anderen Geschlecht überlegen. In anderen Bereichen, die als untypisch für ihr Geschlecht gelten, werden ihre Potenziale jedoch nicht gefördert und häufig nicht einmal wahrgenommen. So gesehen hat die geschlechtstypische Sozialisation sowohl Gewinn- als auch Verlustseiten für Mädchen und für Jungen.[23]

Eine große Verlustseite der geschlechtstypischen Sozialisation von Jungen ist es, dass soziale Kompetenzen (sich um andere zu kümmern, sich zu sorgen, fürsorglich zu sein, herauszufinden, was andere wollen, sensibel zu sein etc.) bei Jungen weit weniger gefördert werden. Jungen lernen daher auch weit weniger als Mädchen, soziale Verantwortung zu übernehmen.

Bei Mädchen dagegen werden versorgende und fürsorgliche Verhaltensweisen anerkannt, bestätigt und dadurch gefördert. Daher ist es vielfach eine große Stärke von Mädchen, dass sie

---

[23] Vgl. auch Prengel 1996, S. 67/68.

Beziehungen herstellen, gestalten und „halten" können, sich in andere Menschen einfühlen, fürsorglich und sozial verantwortlich sein können.

Eine weitere Verlustseite einer eher geschlechtstypischen Sozialisation besteht darin, dass bei Mädchen Eigenvorschläge und Eigenaktivitäten speziell mit aggressiven und selbstbehauptenden Komponenten weniger gefördert werden. So ist es für Mädchen oft schwer, ihre Aggression in gesellschaftlich als weiblich anerkannten Begriffen, Symbolen und Handlungen auszudrücken. Bei Spielzeugen, Bildern und Geschichten für Kinder gibt es selten Figuren aggressiver Weiblichkeit, die als Vorbild fungieren könnten. Wut und Aggressionen gehören jedoch zum menschlichen Gefühlsspektrum und sind eine Voraussetzung für die Durchsetzung eigener Belange, beispielsweise in Konflikten. Die Wut, die Mädchen nicht situationsbezogen fühlen und ausdrücken, staut sich häufig an und richtet sich vielfach in Form von Selbstentwertung, Selbsteinschränkung und autoaggressivem Verhalten gegen die eigene Person. Wenn Mädchen bereits im Kindergarten darin unterstützt werden, ihre Wut wahr und ernst zu nehmen und ihnen beispielsweise die Möglichkeit gegeben wird, sich im Kräftemessen zu erproben, lernen sie, dass Verantwortung für andere und Selbstbehauptung ebenso zusammengehören wie Harmonie und Konflikte.

Vorteile der geschlechtstypischen Sozialisation von Jungen ergeben sich daraus, dass Jungen häufig viel Raum gelassen wird für autonome und aktive Handlungen. Dies hängt vor allem mit der Grenzziehung der Erwachsenen zusammen. In der Regel setzen die Bezugspersonen bei Mädchen engere Grenzen, wenn es um expansive Aktionen oder auch um räumliche Entfernung geht. Bei Jungen dagegen werden die Grenzen häufig weniger eng gezogen. Jungen lernen daher leichter, sich im öffentlichen Raum zu bewegen, sich durchzusetzen und sich für eigene Belange einzusetzen. Diese Stärke kann sich jedoch in eine Schwäche verwandeln, wenn Jungen zu wenig Grenzen gesetzt werden.

Eine Verlustseite der geschlechtstypischen Sozialisation von Jungen ist es, dass ihnen weniger Raum für Angst, Kleinheit, Trauer und Schmerzerfahrungen gegeben wird. „Ein Junge weint nicht." „Ein Junge nimmt sich zusammen". Viele Jungen lernen nicht, Schmerz als wichtiges Signal ihres Körpers wahrzunehmen. Manchmal wird ihnen ein natürlicher „Bewegungsdrang" zugeschrieben, als ob ein Junge immer in Bewegung sein muss, wenn er ein „richtiger Junge" sein will.[24] Dabei gehören Bewegung und Entspannung zusammen. Wenn tobende Jungen bereits im Kindergarten lernen, wie gut ihnen Ruhe und Entspannung tun, können sie diese Erfahrungen auf ihrem weiteren Lebensweg nutzen.[25]

Eine Verlustseite der Sozialisation von Mädchen ist dagegen, dass es bei Mädchen wenig Anerkennung in Bezug auf ihr sexuelles Körperbild gibt.[26] Ein verbales Benennen findet in keiner vergleichbaren Weise statt wie beim Jungen. Auch die Wissenschaft kennt kaum Namen für das weibliche Genital, die Vulva und die Klitoris. Jedes Mädchen entdeckt selbstverständlich ihre Vulva, diese Körpererfahrung wird aber nicht oder wenig bestätigt, darüber werden keine Worte verloren.

> Kinder erhalten durch geschlechtstypische sozialen Praktiken zwar Anerkennung von Erwachsenen und Gleichaltrigen, gleichzeitig schränken sie jedoch ihre Entfaltungsmöglichkeiten und ihr Persönlichkeitswachstum ein.

---

[24] Rohrmann 2001, S. 148.
[25] Vgl. ebd.
[26] Prengel 1996.

## Aktive Bewältigung von Entwicklungsaufgaben

Eine zentrale Entwicklungsaufgabe von Kindern ist es, die eigene Geschlechtsidentität aufzubauen. Bereits in den ersten Lebensjahren erkennen sie, dass sie nicht einfach Kind oder Mensch, sondern auch im sozialen Sinn Junge oder Mädchen werden müssen.

> *„(Kinder entwickeln) ein Gefühl für ihre gender-Zugehörigkeit gewöhnlich (...) im Alter von etwa drei Jahren, zu dem Zeitpunkt also, zu dem sie anfangen, Objekte zu Gruppen zusammenzufassen und zu erkennen, dass auch die Menschen um sie herum in bestimmte Kategorien passen – groß, klein, hellhäutig, dunkelhäutig; Jungen, Mädchen. Drei Jahre war immer auch das Alter, in dem das Erscheinungsbild von Kindern rituell vergeschlechtlicht wird, bei Jungen gewöhnlich, indem man ihnen die Haare kurz schneidet oder sie unverkennbar männlich kleidet. Im viktorianischen England trugen Jungen bis zum Alter von drei Jahren Kleider und wurden dann in kurze Hosen gesteckt."*[27]

Kinder lernen, welches Verhalten, welche Eigenschaften und auch Gegenstände Frauen bzw. Mädchen und Männern bzw. Jungen zugeordnet werden. In der Folgezeit wählt das Kind aktiv aus der Umwelt aus, was zu seinem Geschlecht gehört. Es setzt sich mit Anforderungen der Umwelt auseinander, wie z. B.: Wie werde ich von anderen als Mädchen bzw. als Junge wahrgenommen? Wie soll ich mich nach Meinung der anderen als Mädchen bzw. als Junge verhalten? Dabei orientiert sich das Kind auf seiner Suche nach einer eigenen Position an externen Modellen, wie Geschwistern, Eltern, Erzieherinnen, Erzieher und medial vermittelten Männer- und Frauenbildern, und setzt

---

[27] Garber 1992, zit. nach Lorber 1999, S. 67.

diese zu den eigenen Wünschen und Fähigkeiten in Beziehung. Das Kind entwickelt dabei – ohne diese Prozesse bewusst zu reflektieren – im Laufe der Zeit Vorstellungen von sich selbst, wie es sein möchte und wie es sein darf.

> *„Je nachdem, was die Umwelt anbietet und was davon persönlichen Neigungen entgegenkommt, bestimmt die Ausformung der Geschlechtsidentität mit. Deshalb gibt es bei Mädchen und Jungen auch jeweils Unterschiede in der eigenen Gruppe: Das Mädchen und den Jungen gibt es nicht – die individuellen Unterschiede sind vielfältig – und wer wollte das ändern?"*[28]

## Kreative Handlungs- und Bewältigungsstrategien von Kindern

Kinder entwickeln individuelle Handlungs- und Bewältigungsstrategien, um eigene Bedürfnisse, Interessen, Fähigkeiten und Umweltanforderungen aufeinander abzustimmen.[29] Das gilt auch für die Entwicklung der geschlechtlichen Identität. Am Beispiel eines Auszugs aus dem Schulaufsatz eines Mädchens soll eine solche Situation veranschaulicht werden, in der die Umweltanforderungen ihren Interessen, Bedürfnissen und Fähigkeiten widersprechen. Das Mädchen möchte ein Junge sein:

> „Da kann ich mich besser mit Werkzeugen beschäftigen. Mein Vater sagt, Mädchen machen so etwas nicht, sondern nur Jungen und Männer. Mädchen helfen im Haushalt, aber ich helfe nicht gerne im Haushalt. Man könnte mehr klettern. Meine Mutter meint, dass das nur Jungen machen."[30]

---

[28] Klees-Möller 1998, S. 22.
[29] Vgl. Faulstich-Wieland 2000, S. 159 ff.
[30] Zit. nach Metz-Göckel, Nyssen 1990, S. 72.

Die Eltern stellen Anforderungen an das Mädchen, die seinen Interessen, Wünschen und Vorlieben offenkundig widersprechen und begründen dies mit der Geschlechtszugehörigkeit des Mädchens. Dagegen hat das Mädchen die Erfahrung gemacht, dass für ihre Interessen (sich mit Werkzeugen zu beschäftigen und zu klettern) ihr weiblicher Körper und ihr Geschlecht keine wesentliche Rolle spielen. Diesen Widerspruch bewältigt das Mädchen, indem sie gestaltend eingreift und weiterhin Klettern trainiert und sich auf vielfältige Weise praktisch betätigt. Das Mädchen entwickelt also aktiv Handlungs- und Bewältigungsstrategien.

Mädchen und Jungen verinnerlichen nicht lediglich die Struktur der Geschlechterverhältnisse, sondern haben auch die Möglichkeit, Situationen aufgrund eigener Erfahrungen individuell zu deuten und zu verarbeiten. Sie können sich beispielsweise den Erwartungen entsprechend verhalten, widerständige Verhaltensweisen[31] oder andere aktive und kreative Bewältigungsstrategien entwickeln.

*„Sozialisation ist darum immer Anpassung an die Hierarchie und Widerstand in der Hierarchie, die List in der Hierarchie zu leben und in der Hierarchie Gewinnseiten für sich zu suchen. Sozialisation ist immer Auseinandersetzung mit Dominanz und Inferiorität, also Unterlegenheit und Diskriminiert-sein."*[32]

Sozialisationsprozesse beeinflussen Kinder nicht nur geschlechtstypisch. Sie legen auch den Rahmen für die Spielräume, für Variationen und Veränderungen der geschlechtlichen Identitäten fest. Dazu gehört „... die Aneignung sowohl ‚weiblicher' wie ‚männlicher' Eigenschaften in einer Person, die je

---

[31] Nissen 1998, S. 100.
[32] Prengel 1996, S. 64.

nach alltags- und biographischer Situation abgerufen werden können.[33]

Denn in der Regel gibt es in der Lebenswelt von Kindern zugleich behindernde und wachstumsfördernde Bedingungen. Trotz der Behinderungen durch die Eltern könnte das Mädchen beispielsweise im Hort das Klettern trainieren und sich bei einer Nachbarin in deren Holzwerkstatt mit Werkzeugen beschäftigen.

Die Bewältigungsstrategien von Menschen verändern sich in der Regel im Laufe der individuellen Entwicklung immer wieder und werden bestenfalls den unterschiedlichen biographischen Situationen und Umweltanforderungen angepasst.

Hier besteht also vor allem in Kindertageseinrichtungen die Chance, Spielräume in der Identitätsentwicklung zu ermöglichen und Mädchen und Jungen in ihren kreativen Handlungs- und Bewältigungsstrategien zu unterstützen.

## Geschlechtszugehörigkeit und Persönlichkeitsentwicklung

Auffällig ist, dass sich Kinder im Alter von etwa vier bis sieben Jahren an ausgesprochen rigiden Vorstellungen von Männlichkeit und Weiblichkeit orientieren. So behaupten Kinder dieses Alters beispielsweise, dass „Tischdecken" und „Abspülen" Frauenarbeit sei, oder dass nur Männer Lastkraftwagen fahren könnten. Irritiert und erstaunt bleiben wir auch zurück, wenn ein kleines Mädchen, das nicht geschlechtstypisch erzogen wurde, plötzlich nach betont „mädchenhafter" Kleidung verlangt, während sich ein kleiner Junge plötzlich betont „raubeinig" verhält und Männlichkeitssymbole, wie z. B. Waffen, verwendet.[34] Wie ist dies zu erklären?

---

[33] Nissen 1998, S. 105.
[34] Vgl. Klees-Möller 1998, S. 22.

Etwa mit fünf bis sechs Jahren begreifen Kinder, dass Geschlechtszugehörigkeit ein stabiles Personenmerkmal ist.[35] Ein Junge bleibt ein Junge, auch wenn er ein Kleid anzieht. Ein Mädchen bleibt ein Mädchen, auch wenn es auf Bäume klettert.

Mit diesem Prozess der Geschlechtszuordnung ist in unserer Kultur jener der Geschlechtsdarstellung verbunden. Dies bedeutet, dass Mädchen und Jungen die jeweiligen Präsentationsweisen lernen müssen, die für Frauen bzw. für Männer in unserer Gesellschaft jeweils gültig sind. Dabei wird in unserer Kultur eine eindeutige und unmissverständliche Ein- und Zuordnung zum männlichen oder weiblichen Geschlecht erwartet.

Im Kindergartenalter haben Kinder ihre geschlechtliche Identität jedoch weniger sicher. Daher können sie die Uneindeutigkeiten zwischen den Geschlechtern noch nicht zulassen. Die Zuordnung zu einem Geschlecht wird ihnen jedoch erleichtert, wenn sie die Differenzen besonders deutlich und rigide zeigen.[36] Dieses Experimentieren mit „Weiblichkeit" und „Männlichkeit" wird von Eltern und ErzieherInnen dann leicht als „natürliche" Geschlechterdifferenz interpretiert. Indem Kinder die Geschlechterverhältnisse inszenieren und diese zu sich selbst in Beziehung setzen, bewältigen sie jedoch aktiv und kreativ eine Entwicklungsaufgabe. Studien belegen, dass Kinder bewusst Situationen hervorrufen, in denen sie sich ihr Geschlecht von anderen bestätigen lassen können.[37] Erst diese ausgeprägte Phase des Spielens und Experimentierens mit den Präsentationsformen von „Mädchen-" und „Junge-Sein" sowie mit den Geschlechterverhältnissen, ermöglicht es Mädchen und Jungen auszuwählen, was sie in ihr Selbstbild und Verhaltensrepertoire integrieren wollen.

---

[35] Nunner-Winkler 1994, zit. nach Nissen 1998, S. 106.
[36] Vgl. Faulstich-Wieland 2000 a, S. 12.
[37] Vgl. u. a. Cahill 1983.

Daher kommt in dieser Entwicklungsphase der pädagogischen Arbeit im Kindergarten eine besondere Bedeutung zu. Für die weitere Persönlichkeitsentwicklung ist es unerlässlich, diese kindlichen Inszenierungen kritisch zu begleiten. Denn fehlende Reaktionen der Erwachsenen werden von Kindern in der Regel als Zustimmung gewertet. Es gibt zudem immer auch Mädchen und Jungen, die die Geschlechterzuweisungen, die Zu- und Einordnungen überschreiten oder situativ überschritten haben. Hier besteht daher die Chance, Identitätsentwicklung als einen offenen Prozess zu fördern und Einschränkungen der Entfaltungsmöglichkeiten aufgrund von eindeutigen Klassifizierungen, Einordnungen und Bewertungen nach dem Geschlecht vorzubeugen.

Zwischen acht und zehn Jahren setzt sich ein flexibler Umgang mit Geschlecht und Geschlechterdifferenz durch.[38] Das Kind erkennt, dass Gefühle, Eigenschaften, Verhaltensweisen und Aufgaben – selbst wenn dies in der Realität selten der Fall ist – prinzipiell von beiden Geschlechtern gezeigt und ausgeübt werden können.

Mit Schulbeginn haben Mädchen in der Regel die extremen Inszenierungen von Weiblichkeit abgelegt und durch subtilere Formen ersetzt, wie zum Beispiel eine bestimmte Art sich zu bewegen, zu gehen und zu lächeln. Dagegen experimentieren und inszenieren Jungen „Männlichkeit" in dieser Zeit eher noch stärker.

Wenngleich Mädchen und Jungen im Kindergartenalter die Geschlechterverhältnisse teilweise sehr rigide inszenieren, akzeptieren sie die beobachteten Zuschreibungen und Beschränkungen nicht selbstverständlich. So zeigen Langzeituntersuchungen zur psycho-sozialen Entwicklung von Mädchen, dass sie bis etwa zum Alter von neun Jahren noch über eine selbstverständliche Verbindung verfügen zwischen dem, was sie

---

[38] Vgl. Klees-Möller 1998, S. 22.

fühlen, tun und wollen und dem, was sie „sind" bzw. als Mädchen „sein sollen".[39] In den Studien von Sonja Düring zu „wilden und anderen Mädchen" wird sichtbar, dass einige Mädchen sich selbst als „jungenhaft" bezeichnen, ohne ihr Mädchen-Sein bzw. ihre Geschlechtszugehörigkeit in Frage zu stellen. Sie wissen, dass sie Mädchen sind, auch wenn sie „toben", auf Bäume klettern, „raufen" oder wenn sie mit Jungen Fußball spielen.[40] Indem sie ihr Verhalten als jungenhaft bezeichnen, wird deutlich, dass sie Bewegungsdrang im Sinne des kulturellen Systems der Zweigeschlechtlichkeit nur einem Geschlecht, nämlich den „Jungen", zuordnen. Dennoch haben diese Mädchen den Zugang zu ihrem Interesse an körperlicher Bewegung und raumgreifendem Spiel nicht verloren. Für sie ist es noch mehr oder weniger selbstverständlich, sich die gleichen Freiräume zu nehmen wie Jungen. Vor allem aber erkennen sie die Präsentationsformen von „Weiblichkeit" und die geschlechtshierarchischen gesellschaftlichen Strukturen noch als „äußere" Zuschreibungen, Einordnungen und „äußere" Beschränkungen.[41]

Dies ändert sich häufig mit der Pubertät. In der Mädchenforschung wird die Adoleszenz für Mädchen als einschneidende Phase der Verunsicherung beschrieben, in der sie auf dem Weg zum Erwachsenwerden einen schmerzhaften Anpassungsprozess durchlaufen, in dem sie vielfach ihre Stimme, die Verbindung zu ihrem Selbst verlieren[42] und sich vorab korrigieren, um den geäußerten oder auch nur vermuteten Erwartungen des sozialen Umfelds zu entsprechen. Denn mit der Herausbildung der sekundären Geschlechtsmerkmale verengen sich gestaltbare Spielräume, da von der Umwelt eine eindeutige Zuordnung von den Mädchen verlangt wird. Durch die Sozialisation im kulturellen

---

[39] Vgl. u. a. Brown, Gilligan 1994; Straubb 1999.
[40] Düring 1993, S. 6.
[41] Vgl. Daigler, Bitzan 2001, S. 28.
[42] Vgl. Brown, Gilligan 1994.

System der Zweigeschlechtlichkeit sind daher viele Mädchen nach der Pubertät dann tatsächlich tendenziell einfühlsamer, sozial kompetenter, hingegen weniger raumgreifend und technisch interessiert.

## 3.2 Wie kindliche Handlungsspielräume eingeengt werden – Soziale Probleme durch ungleiche Geschlechterverhältnisse

Dass die Geschlechterverhältnisse in unserer Gesellschaft sowohl zur Einschränkung von Entfaltungsmöglichkeiten führen als auch soziale Probleme und Verhaltensauffälligkeiten verstärken und verursachen, ist in der sozialen Arbeit eine bekannte Tatsache. Dabei sind körperliche Gewalttaten unter jungen Männern, häusliche Gewalt oder die Armut allein erziehender Frauen nur einige von vielen Beispielen. Zudem gibt es nicht nur zwischen den Geschlechtern ein Machtgefälle, sondern auch zwischen den Generationen, d. h. zwischen Erwachsenen und Kindern. Ein eklatantes Beispiel für das Ausnutzen dieser Machtungleichheit ist der sexuelle Missbrauch von Mädchen und Jungen.

Die Geschlechterverhältnisse in unserer Kultur verstärken und verursachen jedoch bereits in der frühen Kindheit soziale Probleme von Mädchen und Jungen, die im Jugend- und Erwachsenenalter verstärkt zum tragen kommen.

Sich männlich darzustellen bedeutet in unserer Kultur u. a., die eigenen körperlichen Kräfte zu testen und sich mit anderen Jungen zu messen. Dieses Verhalten ist auf den ersten Blick nicht problematisch. Aber um dem Bild zu genügen, dass Jungen stark sind, werden häufig nicht nur Schrammen, sondern sogar Verletzungen riskiert. Denn einige Jungen überschätzen ihre körperlichen Möglichkeiten. Sie begeben sich in riskante

Situationen, um ihre „Männlichkeit" zu beweisen, oder überschreiten Grenzen, weil sie kein „Angsthase" oder „Feigling" sein wollen.[43] Beim Toben und Kämpfen gehen Jungen manchmal sehr rücksichtslos mit sich und anderen um. Denn Jungen, die viel kämpfen und streiten, haben häufig eine schlechte Körperwahrnehmung und können die Folgen von Verletzungen weder bei sich selbst noch bei anderen einschätzen.[44]

Stark sein, alles können müssen und nie versagen zu dürfen ist ein „Bild von Männlichkeit", das Jungen auch Angst macht. Mit diesem Ideal gehen sie je nach lebensweltlichen Rahmenbedingungen und eigenen Neigungen sehr unterschiedlich um. Jungen, die Männer erleben, die auch Schwächen zeigen können und liebevoll und zugewandt sind, lernen, dass Stärke und Schwäche bei Jungen ebenso wie bei Mädchen dazugehören. Jungen hingegen, die vorwiegend mit dem Ideal des „starken Mannes" konfrontiert sind, der jedes Risiko eingeht, keinen Schmerz spürt und immer überlegen ist, stehen unter dem Druck, selbst auch solche Leistungen zu zeigen und sich notfalls mit Gewalt durchzusetzen.

Der geschlechtstypische Umgang mit Schmerz und Traurigkeit ist für die Entwicklung von Jungen noch in anderer Hinsicht höchst problematisch. Denn „sich zusammen zu reißen", statt zu weinen, bedeutet, nicht zu lernen, Traurigkeit und Schmerz als wichtige innere Regungen und körperliche Zeichen ernst zu nehmen.

„Männlichkeit" wird in unserer Kultur vor allem in Abgrenzung zu „Weiblichkeit" definiert. Jungen sind daher häufig davon überzeugt, dass sie sich von Mädchen abgrenzen müssen. Gegen ein Mädchen zu verlieren, kann dabei – vor allem für Jungen mit geringem Selbstwertgefühl – die „größte Niederlage" bedeuten.

---

[43] Vgl. Rohrmann 2001, S. 148.
[44] Vgl. ebd.

*„Gegenüber Mädchen den Überlegenen zu markieren, sie zu ärgern, rücksichtslos aufzutreten, den Rock hochzuheben, an der Unterhose zu ziehen, auf den Po zu klopfen, das alles gehört zum täglichen, bereits üblichen Umgang von Jungen mit Mädchen und wird deshalb übersehen oder geduldet."*[45]

Auch das Benutzen sexistischer Schimpfworte, wie „Fotze", „Nutte", „Weichei" oder „Schlappschwanz" sind Abwertungen und Verletzungen, die ebenso „zum Alltag" gehören wie Übergriffe von Jungen gegen Mädchen. Beide Verhaltensweisen werden in Untersuchungen zum Verhältnis von Jungen und Mädchen in Kindertageseinrichtungen immer wieder beschrieben.[46] Daher ist es wichtig, bereits in Kindertageseinrichtungen eindeutig auf Gewalt und auch auf sexistische Schimpfworte zu reagieren.

Bei den Mädchen treten die Probleme mit Körper und Gesundheit ein wenig später auf. Etwa mit dem 12. Lebensjahr, also jenem Alter, in dem mit der Herausbildung der sekundären Geschlechtsmerkmale Mädchen verstärkt mit geschlechtsstereotypen Zuschreibungen und Fremdeinschätzungen konfrontiert werden, sind Mädchen unzufriedener mit ihrem Körper und ihrem Gesundheitszustand und leiden häufiger unter psychosomatischen Beschwerden.[47]

Im Umgang mit dem eigenen Körper spiegelt sich die Verarbeitung der je nach Geschlecht unterschiedlichen Belastungsfaktoren und der gewählten Bewältigungsstrategien wider: Jungen zeigen dabei deutlich auffälligeres und nach außen gerichtetes Verhalten. Ablesen lässt sich dies z. B. an der Häufigkeit von Knochenbrüchen und Prellungen in der Kindheit, an

---

[45] Haug-Schnabel 1997, S. 86.
[46] Vgl. u. a. Permien, Frank 1995; Klees-Möller 1998.
[47] Vgl. Kolip 2000, S. 291.

der Häufigkeit tödlicher Verkehrsunfälle (hier sind Jungen 1½ mal so häufig betroffen), oder an dem weit stärkeren Konsum harter Drogen im Jugendalter bis hin zur Gewalt unter Jungen und männlichen Jugendlichen.[48] Die Bewältigungsversuche von Mädchen dagegen sind eher „unauffällig", nach innen gerichtet: sie werden in Form von Essstörungen oder Medikamentenmissbrauch sichtbar. Während beispielsweise etwa ein Drittel aller Mädchen Diäten macht (der Anteil steigt von 25 % der 12-jährigen auf 40 % bei den 16-jährigen), hat nur jeder zehnte Junge Erfahrungen mit Diäten.[49] Sowohl Verhaltensauffälligkeiten (z. B. Gewalt) und Sucht (z. B. Medikamentenabhängigkeit) als auch der ganz alltägliche Umgang mit dem Körper und der Gesundheit wird von geschlechtstypischen Aspekten geprägt.

> Geschlechtsbewusste Pädagogik in Kindertageseinrichtungen ist daher immer auch Gesundheitsförderung. Dabei geht es um Körper- und Selbstwahrnehmung ebenso wie um soziales Verhalten. Geschlechtsbewusste Pädagogik zielt darauf ab, Jungen und Mädchen vielfältige Möglichkeiten des Seins zu eröffnen. Ansätze der geschlechtsbewussten Pädagogik setzen im Alltag vor allem situationsbezogen am Verhalten von Mädchen und Jungen an, um Mädchen und Jungen gezielt auch in jenen Bereichen zu fördern, die in der üblichen Erziehung vernachlässigt werden.

---

[48] Vgl. Kolip 2000, S. 295.
[49] Vgl. ebd.

## 3.3 Geschlechtsidentitäten variieren – Herausforderungen in veränderten Lebenswelten

Heute sind Lebensläufe nicht mehr so stark sozial vorstrukturiert und es gibt eine größere Vielfalt möglicher Lebensformen. Diese so genannte „Individualisierung" und „Pluralisierung" von Lebensverhältnissen in modernen Gesellschaften[50] birgt daher neue Möglichkeiten und Chancen für unterschiedliche Lebensentwürfe und für eine selbstbestimmte Lebensgestaltung von Mädchen und Jungen. Ein Beispiel aus einer Befragung:

> „Ich möchte später in eine gute Schule gehen. Ein Abitur werde ich vielleicht machen. (Es kommt darauf an, was ich für einen Beruf mache) Wenn ich später groß bin will ich mit meiner Freundin zusammenleben, aber in einem Eigenhaus auf dem Lande oder der Stadt. Und eine Familie werde ich vielleicht gründen, aber trotzdem noch mit meiner Freundin zusammenleben. Wenn ich eine Familie habe, muss mein Mann arbeiten gehen und ich auch, denn meine Kinder sollen sehr gut von mir und meinem Mann erzogen werden. Dann, wenn wir sehr viel Geld haben, wird dann nur noch mein Mann arbeiten gehen. Ich werde mit meiner Freundin am Fenster sitzen und einen Kaffee trinken. Wenn ich alt und runzelig bin und mein Mann gestorben ist und die Kinder ausgezogen sind und meine Freundin noch lebt, werde ich mit ihr am Fenster sitzen und einen Tee trinken oder mehrere."[51]

---

[50] Vgl. Beck 1986.
[51] Es handelt sich hierbei um die Aussage eines Mädchens aus der fünften Klasse, die zu ihren Lebensplänen befragt wurde. Zit. nach Hempel 1995, S. 109.

Betrachtet man neuere Forschungsergebnisse, so zeigt sich eine Vielfalt von Lebensentwürfen bei Jungen und vor allem bei Mädchen und jungen Frauen.[52] Die Zukunftsvorstellungen schließen dabei Berufs- und Familienorientierung ein und beinhalten heute verstärkt eine qualifizierte berufliche Ausbildung, ökonomische Unabhängigkeit und auch Selbstverwirklichung. Bemerkenswert sind die Ergebnisse einer Untersuchung von Marlies Hempel, die Mädchen und Jungen in Berlin und Brandenburg zu ihren Lebensentwürfen befragt hat.[53] Sowohl bei Mädchen und jungen Frauen in Ost- als auch bei jenen in Westdeutschland geht der Wunsch nach selbstbestimmter Lebensgestaltung weit über die Vereinbarkeit von Elternschaft und Beruf hinaus. Er umfasst z. B. kulturelle Aktivitäten, Pflege des sozialen Netzes (Freundschaften) und politisches Engagement.

Fast alles scheint in unserer Gesellschaft möglich zu sein. In der Praxis wirken jedoch nach wie vor strukturelle Einschränkungen. So wird die neue Vielfalt an Lebensstilen und Lebensentwürfen von Mädchen und jungen Frauen durch alte Muster beschränkt, wie beispielsweise die Frauen abverlangte Vereinbarung von Elternschaft und Beruf. Junge Frauen bewältigen diese strukturellen Begrenzungen vielfach, indem sie ihre eigenen Wünsche zurückstellen. Wie die Shell-Jugendstudie belegt, verändern sich die Vorstellungen, vor allem von Mädchen in Ostdeutschland, im Altersverlauf sehr deutlich. Die Bereitschaft zur beruflichen Selbstständigkeit bei gleichzeitig hohem Grad an Familienorientierung und Kinderwunsch wird zuungunsten der beruflichen Selbstständigkeit modifiziert. Bei jungen Männern ergeben sich dagegen keine bzw. kaum Veränderungen in den Lebensplänen.[54]

---

[52] Vgl. u. a. Popp 1993, Hempel 1995, Seidenspinner u. a. 1996, Hartmann 1998, Deutsche Shell 2000, King 2000.
[53] Hempel 1995.
[54] Deutsche Shell 2000, S. 348.

Die neuen, vor allem durch die Medien vermittelten Bilder von selbstbewussten und starken Mädchen, die immer Spaß haben, werden von Mädchen nicht unkritisch, aber häufig positiv aufgenommen. Offensichtlich eröffnen sich hier neue Möglichkeiten und Handlungsformen. „Aber auch dies erweist sich als widersprüchlich: Denn diese Bilder schaffen auch neuen Druck und Gefahren der (Selbst-)Überforderung",[55] da sie nicht das Rezept mitliefern, wie sich widersprüchliche Erwartungen der Umwelt, Weiblichkeitszuschreibungen und eigene Wünsche und Bedürfnisse vereinbaren lassen. Die Probleme, die Mädchen dadurch haben, werden jedoch vielfach nicht wahrgenommen, da ihr Umgang mit Belastungen und auch ihre Widerstandsformen weniger raumgreifend und auffällig sind.

Darüber hinaus empfinden einige Kinder und Jugendliche die neue Vielfalt der Lebensstile, der vermittelten und teils widersprüchlichen Weiblichkeits- und Männlichkeitsbilder, auch als Überforderung. Vor allem diejenigen, die durch lebensweltliche Rahmenbedingungen einen schlechteren Zugang zu Ressourcen (wie z. B. Geld, Bildung, sozialer Status) haben und deshalb benachteiligt sind, können die neuen Chancen weniger oder gar nicht nutzen. Aus diesem Grund greifen Mädchen und Jungen manchmal auf vereinfachte, scheinbar eindeutige oder traditionale Denk- und Verhaltensmuster zurück.

So zeigen Untersuchungsergebnisse, dass bei einigen Jungen aus benachteiligten Familien oder mit ungünstigen Schulprofilen häufig keine Vielfalt an Lebensstilen und Freizeitgestaltung zu finden ist, dass sie stattdessen einen traditionalen „maskulinen Stil" pflegen und eine bestimmte Form von Männlichkeit demonstrieren.[56] Dasselbe gilt für Jungen mit sozialen Integrationsproblemen, schulischen oder beruflichen Misserfolgen, gesellschaftlichen Aus-

---

[55] Bitzan, Daigler 2001, S. 22.
[56] Vgl. Fend 1991, zit. nach Faulstich-Wieland 2000, S. 244.

grenzungserfahrungen und fehlender Anerkennung. In der Kindheit und vor allem im Jugendalter können diese Benachteiligungen zu entsprechenden kompensatorischen Überinszenierungen von Männlichkeitsklischees führen. Einige der Probleme von jugendlichen männlichen Migranten sind aus dieser Perspektive verstehbar.[57]

Überkommene Männlichkeitsbilder und tradierte Muster „männlichen" Verhaltens werden dabei, wie zahlreiche Untersuchungen zeigen, vor allem von jenen Jungen und jungen Männern gewählt, deren Väter oder männliche Bezugspersonen wenig emotional anwesend waren, die wenig Bindung, Fürsorge und Beziehung mit den Jungen gelebt haben.[58]

Indem Mädchen und Jungen traditionale Formen und Muster von „Männlichkeit" und „Weiblichkeit" inszenieren und in alltäglichen Situationen die Geschlechterverhältnisse reproduzieren, verschaffen sie sich (scheinbare) Eindeutigkeit und Klarheit. Vor allem in Situationen, in denen sie sich als unsicher und schwach erleben, bietet es Sicherheit, auf tradierte Männlichkeits- oder Weiblichkeitsmuster zurückzugreifen.

> Für die Praxis geschlechtsbewusster Pädagogik in Kindertageseinrichtungen bedeutet das, kindzentriert zu arbeiten, an den Ressourcen anzusetzen, damit sich die Kinder zu starken Persönlichkeiten entwickeln, die mit den Anforderungen unserer Gesellschaft zurecht kommen, ohne auf traditionelle Geschlechtsrollen zurückgreifen zu müssen.

---

[57] Terrilt 1996, Sauter 2000, zit. nach King 2000.
[58] Vgl. u. a. King 2000, S. 107.

## 3.4 Möglichkeiten und Grenzen geschlechtsbewusster Pädagogik in Kindertageseinrichtungen

Mit der Forderung des Kinder- und Jugendhilfegesetzes, „die unterschiedlichen Lebenslagen von Mädchen und Jungen zu berücksichtigen, Benachteiligungen abzubauen und Gleichberechtigung von Mädchen und Jungen zu fördern" (SGB VIII § 9 Absatz 3) gibt es entscheidende gesetzliche Grundlagen, um geschlechtsbewusste Pädagogik mit beiden Geschlechtern als Querschnittsaufgabe zu entwickeln. Gerade pädagogische Einrichtungen für Kinder bieten vielfältige Chancen und Möglichkeiten, geschlechtsbewusste Pädagogik zu integrieren:

- Pädagogische Einrichtungen für Kinder, wie Kindergarten und Kindertagesstätte, stellen einen wichtigen und in seiner Bedeutung wachsenden Sozialisationsbereich dar.[59] Sie werden von fast allen Kindern bis zum Schuleintritt besucht und bieten – als erste außerfamiliale Sozialisationsinstanz – die Chance, früh und in Zusammenarbeit mit den Eltern eine geschlechtsbewusste Pädagogik als Querschnittsaufgabe zu integrieren und diese Arbeit bei jenen Mädchen und Jungen fortzusetzen, die später den Hort besuchen.

- Kindergarten, Kindertagesstätte und Hort sind koedukative Einrichtungen, in denen Mädchen und Jungen häufig über mehrere Jahre täglich viele Stunden miteinander verbringen. Die Beziehungen in der geschlechtsgemischten Gruppe und das Vertrauen zu den Erzieherinnen und Erziehern können genutzt werden, um situationsbezogen geschlechtstypisches Verhalten im Alltag zu hinterfragen und zu erweitern, starre Beziehungsmuster zwischen Mädchen und Jungen zu erschüttern und neue Muster – auch in Mädchen- bzw. Jungengruppen getrennt – spielerisch auszuprobieren und zu erproben.

---

[59] Permien 1995, S. 32.

- Die pädagogische Arbeit in Kindertagesstätten und auch jene mit Schulkindern im Hort bietet viele Möglichkeiten, um Unterschiede unter den Mädchen und unter den Jungen wahrzunehmen. Die Arbeit mit Kindern erweitert die Wahrnehmung der vielfältigen Dynamiken und Entwicklungen, die nicht in den Stereotypen der Zweigeschlechtlichkeit aufgehen. Sie öffnet den Blick für die Unterschiedlichkeit von Kindern und die Vielfalt der Formen des Mädchen- und Junge-Seins. Geschlechtstypische Zuschreibungen, aber auch ethnische Zuschreibungen etc., Benachteiligungen und Privilegierungen können bewusst gemacht, reflektiert und überwunden werden.
- Da Kinder (im Alter von etwa vier bis sieben Jahren) ihre geschlechtliche Identität noch entwickeln, können sie auch Uneindeutigkeiten noch nicht zulassen. Sie praktizieren die Geschlechterdifferenzen deutlicher, weil ihnen das die Zuordnungen erleichtert.[60] Dabei experimentieren sie verstärkt mit den Präsentationsweisen von „Weiblichkeit" und „Männlichkeit" in unserer Kultur und setzen diese zu sich selbst in Beziehung. Der alltägliche Zugang zu kindlicher Phantasie und Kreativität bietet hier die Chance, die Entwicklung von Geschlechtsidentität als offenen Prozess zu fördern. „Wenn wir bereit sind, zu verstehen, wie eigen – sinnig Mädchen und Jungen in der Ausdeutung von Klischees sein können, eröffnet sich die Chance, gezielt an diesem Eigensinn anzuknüpfen."[61]
- Gerade im Kindesalter (in der Regel bis zur Pubertät) werden die Zuschreibungen und kulturellen Muster von Mädchen- und Junge-Sein von den Kindern häufig noch als „äußerlich" wahrgenommen und erkannt. Der Zugang zu jenen Gefühlen und Verhaltensweisen, die dem jeweils anderen Geschlecht zugeordnet werden, ist noch nicht „verschüttet".

---

[60] Vgl. Faulstich-Wieland 2000 a, S. 12.
[61] Bereswill 1998, S. 10 f.

Mädchen und Jungen nehmen die Geschlechterdifferenz zwar bereits sehr früh wahr, aber sie erkennen sie noch als äußere Zuschreibungen. Im Sinne der Ausgleichsfunktion von Kindertageseinrichtungen können Mädchen und Jungen hier vor allem auch in jenen Bereichen gefördert werden, die in der üblichen Erziehung vernachlässigt werden.
- Geschlechtsbewusste Pädagogik ist im Kindertageseinrichtungen jedoch nicht nur sinnvoll, um Entfaltungsmöglichkeiten von Kindern zu fördern, sondern unerlässlich, um sozialen Problemen vorzubeugen und diese zu verhindern. Denn die Geschlechterverhältnisse in unserer Kultur verstärken und verursachen bereits in der Kindheit soziale Probleme von Mädchen und Jungen.

Pädagogische Arbeit in Kindertageseinrichtungen ist geprägt durch Anforderungen (im Sinne des Betreuungs-, Erziehungs- und Bildungsauftrags) und Möglichkeiten, die dem prozessbezogenen Verständnis geschlechtsbewussten Arbeitens entsprechen. Denn hier sind Mädchen und Jungen aus verschiedenen Schichten und Ethnien täglich und über viele Stunden zusammen; hier kann Selbstverständliches im Geschlechterverhältnis im Alltag relativiert, im Spiel irritiert, dramatisiert oder im Konflikt bewusst gemacht werden.

Es gibt jedoch auch Grenzen geschlechtsbewusster Pädagogik in Kindertageseinrichtungen:
- Erzieherinnen und Erzieher können die nachhaltigen „Erfolge" ihrer Arbeit gerade im Kindergarten häufig noch nicht wahrnehmen. Denn Kinder inszenieren in dieser Entwicklungsphase, wie beschrieben, die Geschlechterverhältnisse gerade besonders stark. Einen flexibleren Umgang mit den Geschlechterstereotypen zeigen Mädchen und Jungen meist erst im Grundschulalter. Ähnlich wie bei anderen pädagogi-

schen Aufgaben, z. B. in der Schule oder der offenen Jungendarbeit, lässt sich die Qualität der Arbeit nicht so einfach durch aktuell sichtbare Erfolge messen.

- Soziale Ungleichheiten in den Geschlechterverhältnissen und damit auch gesellschaftliche Strukturen lassen sich nicht allein durch pädagogische Arbeit verändern. Hier bedarf es vor allem auch gesellschaftspolitischer Veränderungsstrategien. Dies gilt dabei ebenso für die notwendige Aufwertung der pädagogischen Arbeit von Erzieherinnen und Erziehern in Kindertageseinrichtungen wie für die Bereitstellung von gesellschaftlichen Strategien zur Vereinbarung von Elternschaft und Beruf.

# 4 Die Praxis der geschlechtsbewussten Pädagogik

Es gibt nicht *die* geschlechtsbewusste Pädagogik als System oder als ein fertiges Modell und Konzept mit einem zugehörigen „Koffer" voller Methoden. Es gibt jedoch eine ihr zugrunde liegende spezifische Haltung, unterschiedliche Handlungsansätze und Arbeitsformen, die im Folgenden vorgestellt und anhand von Beispielen erläutert werden.

## 4.1 Die pädagogische Haltung

Geschlechtsbewusste Pädagogik ist kein Modell, das zusätzlich zur alltäglichen Arbeit angeboten wird, sondern weit mehr eine Haltung, die den Blick auf die Lebenswelten von Mädchen und Jungen schärft und im Alltag vor allem situativ umgesetzt wird.

Dabei geht es zum einen darum, die Kategorie Geschlecht und damit auch die aktive Orientierungs- und Verarbeitungsleistung von Mädchen und Jungen bewusst in die Analysen einzubeziehen und zum anderen, die Handlungskonzepte daraufhin abzustimmen. D. h., dass „vergeschlechtlichte" soziale Praktiken bewusst wahrgenommen und in einem weiteren Schritt im Handeln produktiv gemacht werden. Das Ziel ist es, die Selbstbilder von Mädchen und Jungen offen zu halten und das Spektrum ihrer Handlungsmöglichkeiten zu erweitern.

> Geschlechtsbewusste Pädagogik ist ein Prozess, in dem Selbstverständliches in Frage gestellt wird und Handlungsmöglichkeiten erweitert werden.

Wie kann das im Alltag konkret aussehen? Nehmen wir zur Veranschaulichung folgendes Beispiel aus der Praxis:

> In einem Hort soll der Hof- bzw. der Gartenbereich um- und neu gestaltet werden. Die Erzieherinnen und der Erzieher, die in diesem Hort arbeiten, sind aufgrund ihrer pädagogischen Erfahrungen aufgefordert, Einfluss zu nehmen.
>
> *Variante 1:*
> Die Erzieherinnen und der Erzieher beschließen, Klettergerüste und einen Fußballplatz einzurichten, um dem Bedürfnis der Kinder sich zu bewegen und sich „auszutoben" gerecht zu werden. Bewegung und Spiel soll Entlastung ermöglichen. Gerade für aggressive Kinder oder auch für hyperaktive Kinder soll dies nützlich sein.
>
> *Variante 2:*
> Die Erzieherinnen und der Erzieher befragen die Kinder nach ihren Wünschen zur Umgestaltung des Hofs. Pädagogische Zielsetzung ist es einerseits, die Kinder zu beteiligen und andererseits den Interessen von Mädchen und Jungen Geltung zu verschaffen. Da die Mädchen mehrheitlich Wünsche nach Sitzgelegenheiten und „Kuschelecken" u. a. äußern und die Jungen Spielfelder und Klettergerüste wünschen, sollen unterschiedliche Bereiche für Mädchen und Jungen eingerichtet werden, die den Wünschen entsprechend gestaltet werden.

*Variante 3:*
Die Erzieherinnen und der Erzieher entwickeln verschiedene pädagogische Möglichkeiten, um die Mädchen und Jungen, mit ihren Wünschen an der Umgestaltung des Hofs zu beteiligen. Sie spielen mit den Mädchen zeitweise bewusst etwas auf dem Hof, was sie sonst nicht spielen und sie überlegen mit den Mädchen, wie sie den Hort gestalten würden, wenn er ihnen allein gehören würde. Der Erzieher bietet den Jungen neben Bewegungsspielen auch Entspannungsmöglichkeiten an. Pädagogische Zielsetzung ist es, die Selbstbilder und Handlungsmöglichkeiten von Mädchen und Jungen zu erweitern und sie so ihren je individuellen Wünschen und Fähigkeiten entsprechend zu beteiligen und zu fördern.

Beziehen wir in die Analyse dieses Beispiels die Kategorie Geschlecht mit ein, so fällt auf, dass die Erzieherinnen und der Erzieher in der *ersten Variante* engagiert und motiviert anhand eigener Annahmen den Hof gestalten wollen. Die Kinder werden jedoch nicht aktiv beteiligt und die Zielgruppen und deren Lebenswelten nicht geschlechtsbewusst betrachtet. Vielmehr verallgemeinern die ErzieherInnen – ungewollt und unreflektiert – die Interessen und Wünsche der Jungen. Allerdings bleibt diese pädagogische Herangehensweise auch für Jungen eindimensional, da ihnen hier wenig Rückzugs- und Entspannungsmöglichkeiten im Hof geboten werden. Zudem werden den Jungen wenig Möglichkeiten eingeräumt, etwas anderes als geschlechtstypisches Verhalten (z. B. Fußball zu spielen) auszuprobieren.

In der *zweiten Variante* werden die Kinder beteiligt und die Erzieherinnen und der Erzieher bemühen sich, die Interessen von Mädchen und Jungen einzubeziehen. Obwohl beide Geschlechter also scheinbar gleichberechtigt an der Befragung beteiligt waren, macht das Ergebnis nachdenklich. Die Mädchen und Jungen benennen, was im Hof und im Garten des Hortes übliche Praxis ist und zeigen damit auf, wie sich ihr Alltag gestaltet.[1] Dass sie vielleicht auch ganz andere Erfahrungen machen wollen und können, kommt weder den Kindern selbst noch den Erzieherinnen und dem Erzieher in den Blick: „Jungen sind eben so" und „Mädchen sind eben anders". Mädchen und Jungen wiederholen und verlängern hier die in unserer Kultur üblichen geschlechtstypischen Verhaltensweisen und die herrschenden Geschlechterverhältnisse.

In der *dritten Variante* geht es nicht nur darum, ob Mädchen vielleicht auch Plätze zum Toben und Jungen vielleicht auch Entspannungs- und Rückzugsmöglichkeiten wollen. Man könnte das „Toben" der Jungen einerseits und das „sich Zurückziehen" der Mädchen andererseits als vergeschlechtlichte soziale Praktiken im Sinne des „doing gender" betrachten. Aus dieser Warte erscheinen die geäußerten Wünsche der Kinder als aktive Orientierungs- und Verarbeitungsleistung, d. h. in diesem Fall als eine plausible Reaktion auf die dominanten Raumnutzungen im Hort. Die Jungen nutzen offenbar derzeit den Hof und den Garten für sich. Die Mädchen haben weniger Raum und nehmen sich offensichtlich auch weniger Raum.[2] Um die Entfaltungsmöglichkeiten von Mädchen und Jungen zu fördern und Benachteiligungen abzubauen, suchen die Erzieherinnen und der Erzieher nach Möglichkeiten, beiden Geschlechtern andere Erfahrungen und Räume zu schaffen. Derzeit offenbar bestehende Raumzuordnungen und damit verbundene Handlungsweisen sollen überschritten, bisher Selbstverständliches in Frage gestellt werden.

---

[1] Maria Bitzan (2000) greift die Ergebnisse einer Befragung von Mädchen und Jungen über ihre Wünsche zur Umgestaltung eines Schulhofs auf und verdeutlicht daran, warum eine eindimensionale einfache Befragung nicht ausreicht, um Mädchen wirklich zu beteiligen. Sie zeigt sehr anschaulich, welche Faktoren zu berücksichtigen sind, um Mädchen zu beteiligen und verweist u. a. auf die Notwendigkeit, Mädchen neue Erfahrungen zu eröffnen, S. 146 ff.
[2] Vgl. Bitzan 2000, S. 154.

Um an verschütteten, möglicherweise „unweiblichen" und „unmännlichen" Interessen, Wünschen und Stärken pädagogisch anknüpfen und diese fördern zu können, muss man sie jedoch zuerst wahrnehmen und wertschätzen.[3] Das ist gar nicht so leicht. Denn beide Geschlechter werden im kulturellen System der Zweigeschlechtlichkeit in einer Weise mit Stereotypen belegt, die sowohl Mädchen als auch Jungen daran hindert, die dem anderen Geschlecht zugeordneten und im eigenen Selbstbild fremd gehaltenen Gefühle und Verhaltensweisen auch bei sich selbst als mehr oder weniger vorhanden zu erkennen.[4]

In der dritten Variante entwickeln die Erzieherin und der Erzieher daher Projekte, in denen Mädchen ihren Bewegungsdrang, den sie natürlich ebenso wie Jungen haben, in neuen Formen ausprobieren können. Es geht hier nicht darum, dass die Erzieherinnen und Erzieher besser wissen, was die Mädchen und die Jungen wollen und ihnen dies verdeutlichen. Sie versuchen vielmehr, den Kindern neue Erfahrungen zu ermöglichen. Denn erst wenn sie verschiedene Möglichkeiten über einen längeren Zeitraum auch ausprobiert haben, können sie entscheiden, was ihren Interessen und Fähigkeiten entspricht. Dann fällt den Mädchen möglicherweise auf, dass sie wenig Raum im Hort haben oder sogar vom Platz verdrängt werden. Vielleicht entdecken sie aber auch, dass sie sich bewegen wollen oder dass „... sie vielleicht Platz brauchen, um untereinander Rivalitäten sportlich auszufechten und sich nicht zwangsvergemeinschaften zu müssen."[5] Möglicherweise wird ihnen aber auch deutlich, dass einige von ihnen Lust an Bewegung und Spiel haben und andere nicht. Vielleicht fällt auch einigen Jungen auf, dass sie neben Bewegung auch Entspannung brauchen.

---

[3] Vgl. Focks 1998.
[4] Vgl. Brückner 2001, S. 123.
[5] Vgl. Bitzan 2000, S. 155.

Vielleicht wünschen sich einige Jungen Rückzugsmöglichkeiten, weil sie im Gegensatz zu anderen keine Lust haben, ständig zu toben.

Die Gestaltung des Hofes im Hort unterscheidet sich vor allem nach der zweiten und dritten Variante nicht unbedingt voneinander; es gibt Möglichkeiten zur Entspannung ebenso wie zur Bewegung, zu Sport und Spiel. Allerdings unterscheidet sich vor allem die pädagogische Herangehensweise. Im Mittelpunkt der dritten Variante stehen vor allem Prozesse, die Mädchen und Jungen unterstützen, ihre individuellen Interessen und Fähigkeiten zuerst einmal zu entdecken. Hierbei werden einfache Geschlechterzuordnungen überschritten, indem Differenzen unter den Kindern – jenseits einfacher Klassifizierungen nach dem Geschlecht – im pädagogischen Prozess aufgedeckt und hervorgehoben werden.

> Geschlechtsbewusster Pädagogik geht es darum, die Unterschiedlichkeit unter Mädchen und unter Jungen zu berücksichtigen und sie als aktive Gestalter ihrer Entwicklung ernst zu nehmen und zu fördern. Das bedeutet auch, die unterschiedlichen Lebenswelten von Mädchen und Jungen zu berücksichtigen. Diese sind dabei gekennzeichnet durch ihre soziale Herkunft (z. B. Schicht, Ethnie), aber auch durch das gegebene ungleiche Geschlechterverhältnis in unserer Gesellschaft. Was haben Mädchen und was haben Jungen zu bewältigen? Welche Bewältigungsstrategien werden Mädchen und welche werden Jungen nahe gelegt?

Um Mädchen und Jungen in ihren individuellen Bedürfnissen, Interessen und Fähigkeiten zu fördern, ist es hilfreich, Verallgemeinerungen, wie „die Mädchen" bzw. „die Jungen" oder auch „typisch weiblich" bzw. „typisch männlich", die meist unreflektiert verwendet werden, zu hinterfragen bzw. zurückhaltend zu verwenden. Gerade in der pädagogischen Arbeit mit Kindern ist es wichtig, „vergeschlechtlichte" Praktiken falls möglich zu vermeiden bzw. bewusst mit diesen umzugehen.

Zugleich geht es darum, die kindlichen Inszenierungen von Geschlechterbeziehungen (doing gender) kritisch zu begleiten. Denn Kinder produzieren „Weiblichkeit" und „Männlichkeit" nicht nur füreinander, sondern auch für die Erwachsenen. Damit zeigen sie, dass sie „gelernt" haben, wie Mädchen bzw. Jungen „sind" oder sie nutzen diese geschlechtstypischen sozialen Praktiken als Konfliktbewältigungsstrategien. Der Rückgriff auf männliche oder weibliche Verhaltensmuster kann insofern entlasten, als dass er erlaubt, in eine bekannte und allgemein anerkannte Verhaltensform zu schlüpfen und damit dazuzugehören. Gerade in Situationen, die Kinder als irritierend oder widersprüchlich erleben, oder wenn sie nicht genau wissen, was von ihnen erwartet wird, kann es erleichternd und spannungsmindernd sein, ein sehr geschlechtstypisches Verhalten zu zeigen. Denn dieses wird in der Regel anerkannt, glättet Widersprüchliches, schafft Eindeutigkeit und hat eine normalisierende Funktion.

Hier geht es also darum, „hinter die Fassaden geschlechtstypischen Denkens, Fühlens und Handelns" zu schauen und Situationen, Verhaltensweisen von Mädchen und Jungen im Zusammenhang mit ihrer Zugehörigkeit zur sozialen Gruppe der Mädchen/Frauen bzw. der Jungen/Männer zu analysieren. Denn vieles, was uns als individuelles Denken, Fühlen und Handeln erscheint, ist nur zu verstehen im Zusammenhang mit den Normen, Stereotypen und sozialen Praktiken in unserem kulturellem System der Zweigeschlechtlichkeit. Diese doppelte Blickrichtung, Mädchen und Jungen sowohl als Angehörige ihrer Geschlechtergruppe (a) als auch als Individuen (b) in ihren individuellen Interessen und Fähigkeiten zugleich zu betrachten, möchte ich anhand eines zweiten Beispiels veranschaulichen. Dazu biete ich wieder verschiedene Varianten der Wahrnehmung bzw. Interpretation ein und derselben kurzen Handlungssequenz an. Zur Vereinfachung werde ich dabei nur die Interpretation des Verhaltens des Jungen skizzieren, zugleich aber die notwendige Betrachtung beider Geschlechter bzw. der Geschlechterverhältnisse (c) in den Blick nehmen.

Ein Beispiel aus dem Kindergarten:
Um Eva (5 Jahre alt) vom Ballspielen abzuhalten, schubst Kevin (6 Jahre) sie zur Seite. Er sagt: „Mädchen können nicht Ballspielen, denen muss man schon ein bisschen zeigen, wo's lang geht, weil man sonst nämlich selbst verarscht wird." Eva zieht sich, leise vor sich hinschimpfend, zurück.

*Variante 1:*
Die Erzieherin nimmt diesen kurzen „Streit" nicht weiter ernst. Die Unterschiede, die sie in den sozialen Umgangsweisen von Mädchen und Jungen teilweise wahrnimmt, begründet sie mit Aussagen wie: „Jungen sind halt' so ..." bzw. „Mädchen sind halt' so ...".

*Variante 2:*
Die Erzieherin sieht im Verhalten des Jungen bereits den späteren „Macho" und interpretiert sein Verhalten als „typisch männlich". Sie betrachtet sein Verhalten im Zusammenhang mit der männlichen Dominanz in unserer Gesellschaft und den Benachteiligungen von Mädchen und Frauen.

*Variante 3:*
Die Erzieherin sieht im Verhalten des Jungen nicht den späteren Macho, sondern den Jungen, der in dieser Situation ein „Machogehabe" zeigt. Sie versucht die Funktion seines Verhaltens im Zusammenhang mit der Situation, der Lebenswelt des Jungen und den Geschlechterverhältnissen zu betrachten.

In der ersten Variante prägen Stereotype vom „typischen Jungen" und „typischen Mädchen" die Wahrnehmung der Erzieherin, so dass sie das Verhalten von Eva und Kevin als selbstverständlich und normal betrachtet und nicht weiter reflektiert.

In der zweiten Variante wird ihr Verhalten im Zusammenhang mit ihrer Zugehörigkeit zur sozialen Kategorie Geschlecht reflektiert. In dieser Variante wird das Verhalten als geschlechtstypisch wahrgenommen und zugleich quasi dramatisiert. Denn die Erzieherin sieht nur den späteren Macho und nicht das Individuum, nämlich einen Jungen mit Machogehabe, der eben auch beispielsweise ängstlich ist. Das bedeutet jedoch nicht, dass der Junge eigentlich nur ängstlich ist und es bedeutet auch nicht, dieses Verhalten zu akzeptieren und zu tolerieren.

Vielmehr ist es für die pädagogische Arbeit entscheidend, die jeweilige kontextgebundene Funktion dieses geschlechtstypischen Verhaltens zu erkennen und zu versuchen, den Mädchen und Jungen neue Handlungsmöglichkeiten zu eröffnen.

*a) Analyse des Verhaltens in Bezug auf die Zugehörigkeit zu Geschlechtergruppen*
In diesem Fall wird deutlich, dass sich im Konfliktverhalten der beiden Kinder für westliche Gesellschaften etwas Typisches widerspiegelt: Der Konflikt wird durch Hierarchisierung, durch Über- und Unterordnung gelöst. So versucht Kevin sein Interesse durchzusetzen, indem er Eva aufgrund ihrer Zugehörigkeit zum weiblichen Geschlecht abwertet. Seine vermeintliche Vorrangstellung drückt er körperlich aus, indem er Eva wegstößt. Für Kevin scheint es nur zwei Beziehungsmuster zu geben, entweder man ist selbst der Dominante oder man wird dominiert. Dabei kommt ihm die kulturelle Interpretation von Männlichkeit, männlicher Stärke und Körperkraft zu-

gute, die seine Fantasie beflügelt, seine Vorrangstellung sei legitimiert.[6]

Ohne dieses Beispiel überinterpretieren zu wollen, zeigt es doch die Notwendigkeit, sensibel auf diese geschlechtstypischen sozialen Praktiken und Umgangsweisen mit Konflikten zu reagieren. Wichtig ist es, das Verhalten der Kinder vor dem Hintergrund der sozialen Ungleichheiten in den Geschlechterverhältnissen zu betrachten und im Zusammenhang mit ihrer Zugehörigkeit zur sozialen Geschlechtergruppe zu interpretieren. Das Konfliktverhalten der beiden nicht weiter „ernst" zu nehmen, wäre hier sicherlich das falsche Signal für Kevin und Eva und die anderen Kinder in der Gruppe. Denn fehlende Reaktionen der Pädagoginnen werden von Kindern in der Regel als Zustimmung bzw. Akzeptanz ihres Verhaltens gewertet.

*b) Analyse des Verhaltens in bezug auf die Rolle als Individuum*
Kevin jedoch nur als „Macho", als „typischen Jungen" und Angehörigen seiner sozialen Geschlechtergruppe zu betrachten, birgt jedoch ebenfalls Gefahren. Der grundsätzlich richtige Gedanke, dass geschlechtsbewusste Pädagogik die verschiedenen Sozialisationserfahrungen von Kindern und die Ungleichheiten im Geschlechterverhältnis einbeziehen muss, wird durch eine solche vereinfachte und vorschnelle Zuschreibung zu einer oberflächlichen Klassifizierung. Diese behindert nicht nur die pädagogische Beziehung, sondern verhindert auch ungewollt angestrebte Veränderungen in den Geschlechterverhältnissen.

Wenn beispielsweise in der Präventionsarbeit von Gewalt oder sexuellem Missbrauch – wie im Elementarbereich oder auch in der Jugendarbeit geschehen – die Arbeit mit Mädchen als Opferprävention und die mit Jungen als Täterprävention gilt, werden eindeutige geschlechtsspezifische Zuschreibungen

---

[6] Vgl. auch Brückner 2001.

vorgenommen. Wenngleich unter den Kindern und Jugendlichen sehr viel mehr Mädchen als Jungen sexualisierter Gewalt zum Opfer fallen und die Täter in der Regel erwachsene Männer sind (und nicht Jungen!), ist es im Sinne einer angestrebten Veränderung unerlässlich, dies nicht als selbstverständlich anzusehen und damit ungewollt und unbewusst zu reproduzieren. So macht es einen Unterschied, ob die Erzieherin Kevin nur als „Macho" und „typischen Jungen" sieht oder ob sie sein dominantes Verhalten ablehnt und kritisch im Zusammenhang mit den kulturellen Interpretationen von Männlichkeit analysiert. Es geht also darum, ihn zugleich als Individuum in seiner Lebenswelt zu sehen. Das setzt eine Grundhaltung voraus, die auf einer Akzeptanz des Jungen als Person beruht, sein dominantes Verhalten jedoch ablehnt und ihm Grenzen setzt.

*c) Analyse des Verhaltens in bezug auf Geschlechterverhältnisse*
Es macht einen Unterschied, ob wir die sozialen Ungleichheiten in den Geschlechterverhältnissen in den Blick nehmen oder ob wir mit Jungen wie Kevin pädagogisch arbeiten und dafür eigens Konzepte entwickeln. Die wenigen Ansätze geschlechtsbewusster Pädagogik im Kindergarten werden m. W. vor allem im Zusammenhang mit der Prävention männlicher Gewalt verbunden. Bei diesem Ansatz besteht nicht nur die Gefahr, geschlechtsspezifische Zuschreibungen zu reproduzieren, sondern auch dominantes und gewalttätiges Verhalten implizit zu „belohnen". So erhalten vor allem jene Kinder Aufmerksamkeit und pädagogische Zuwendung, die besonders laut oder dominant oder sogar gewalttätig sind. Jene Kinder, die sich still und leise verhalten und ihre Konflikte und Ängste nicht nach außen tragen, erhalten weit weniger Aufmerksamkeit.

Für das o.g. Beispiel hieße das, vor allem Kevin Aufmerksamkeit zu widmen und nicht etwa Eva zu bestärken und zu fördern. Die implizite Botschaft für beide Kinder ist: „Wenn du dich laut und dominant verhältst, wirst du von den anderen Kindern beachtet, kannst deinen „Willen" durchsetzen und erhältst auch von den Pädagoginnen und Pädagogen (wenngleich kritische) Aufmerksamkeit."

Daher ist es notwendig, beide Geschlechter mit ihren geschlechtstypischen Umgangsweisen mit Konflikten in den Blick zu nehmen. Im Sinne der Ausgleichsfunktion von Kindergarten, Kindertagesstätte und Hort ist es unerlässlich, Mädchen und Jungen andere Formen des Umgangs mit Konflikten zu ermöglichen, bei denen Unterschiede als Chance genutzt werden, anstatt sie auf- oder abzuwerten. Außerdem geht es darum, Kindern andere Identifikationsmuster von „Weiblichkeit" und „Männlichkeit" anzubieten. Die Geschlechtszugehörigkeit ist dabei immer auch im Zusammenhang mit anderen Lebensbedingungen zu betrachten, wie beispielsweise Schichtzugehörigkeit oder ethnischer Zugehörigkeit.

> Geschlechtsbewusste Pädagogik bedeutet auch, Mädchen und Jungen zu befähigen, ihre Entwicklung zu bewältigen, sich mit der heute herrschenden Vielfalt von Weiblichkeits- und Männlichkeitsbildern zurechtzufinden und neue Möglichkeiten zu entdecken. Mädchen und Jungen können darin unterstützt werden, Welt zu entdecken, sie selbst zu sein und damit selbstbestimmt ihr Leben zu gestalten und zu bewältigen.
> Darüber hinaus ist geschlechtsbewusste Pädagogik immer auch zugleich politische Arbeit, mit dem Ziel, gesellschaftliche Rahmenbedingungen so zu verändern, dass die Handlungsspielräume für Mädchen und Jungen erweitert, Benachteiligungen von Mädchen abgebaut und vor allem auch soziale Probleme abgebaut bzw. verhindert werden.

## 4.2 Die Handlungsansätze geschlechtsbewusster Pädagogik

Geschlechtsbewusste bzw. geschlechterdifferenzierende Pädagogik ist der Oberbegriff für eine Vielzahl unterschiedlicher Handlungsansätze. Gemeinsamkeiten und Unterschiede sollen im Folgenden kurz skizziert werden.

Geschlechtsbewusste bzw. geschlechterdifferenzierende Pädagogik umfasst:

1. Die Soziale Arbeit mit Mädchen und Frauen in geschlechtsgetrennten Arbeitsformen (z. B. emanzipatorische Mädchenarbeit, feministische und parteiliche Mädchenarbeit). Diese pädagogische Arbeit hat bereits eine lange Tradition.
2. Die pädagogische Arbeit mit Jungen und Männern in geschlechtsgetrennten Arbeitsformen (z. B. antisexistische Jungenarbeit, patriarchatskritische Jungenarbeit, parteiliche Jungenarbeit).
Der Oberbegriff für diese beiden Bereiche geschlechtsbewusster Pädagogik ist die Bezeichnung *„geschlechtsspezifische" Pädagogik*.
3. Die pädagogische Arbeit mit Mädchen und Jungen im koedukativen Raum (reflexive bzw. gestaltete Koedukation). Dieser Bereich der geschlechtsbewussten Pädagogik wird – gerade in jüngster Zeit – stark eingefordert, doch gibt es kaum Konzepte oder praktische Umsetzungsbeispiele dieser Form der geschlechtsbewussten Kinder-, Jugend oder Erwachsenenarbeit. Geschlechtsbewusste Pädagogik wird hierbei als eine Basis- bzw. Querschnittsqualifikation der Pädagogik betrachtet, die alle Arbeitsfelder umfasst.
Der Oberbegriff hierfür ist *geschlechtssensible bzw. geschlechtsbezogene Pädagogik*.

Die geschlechtssensible bzw. geschlechtsbezogene Pädagogik geht auf die Forderung zurück, nicht nur Mädchen- und Jungenarbeit in getrennten Arbeitsformen zu etablieren, sondern zusätzlich in allen Bereichen der pädagogischen und sozialen Arbeit eine Sensibilisierung für Geschlechterdifferenz und -hierarchie als Querschnittsaufgabe einzubringen. Bereits in den 90er Jahren wurde die Auseinandersetzung mit der Kategorie Geschlecht in der Pädagogik als eine Schlüsselqualifikation in allen Arbeitsfeldern eingefordert:

*„Als eine allgemeine Basisqualifikation wurde eine Sensibilisierung eingefordert, eine wache Aufmerksamkeit für den Geschlechteraspekt in sozialen Situationen, eine Auseinandersetzung mit der eigenen Geschlechtsidentität und mit der eigenen Wahrnehmungsweise und den eigenen Interessen als Mann oder Frau."*[7]

Alle drei Bereiche geschlechtsbewusster Pädagogik sind jeweils spezifischer Ausdruck der professionellen Qualität pädagogischer Arbeit.

## 4.3 Die Arbeitsformen geschlechtsbewusster Pädagogik

In der geschlechtsbewussten Pädagogik werden vor allem zwei Arbeitsformen unterschieden: zum einen die geschlechtsbewusste Pädagogik in geschlechtsgetrennten Arbeitsformen (Mädchenarbeit und Jungenarbeit) und zum anderen geschlechtsbewusste Pädagogik in geschlechtsgemischten, also koedukativen Arbeitsformen (reflexive bzw. gestaltete Koedukation).

---

[7] Helfferich 1998, S. 34 f.

*In geschlechtertrennenden Arbeitsformen geschlechtsbewusster Pädagogik* wird zeitweise oder kontinuierlich mit geschlechtshomogenen Mädchen- bzw. mit Jungengruppen gearbeitet. Die geschlechtsgetrennte Gruppe bietet Raum zum Experimentieren und eröffnet die Chance, neue Erfahrungen machen zu können. Das Selbstverständliche wird verändert, so dass eingeübte und scheinbar spontane Verhaltensweisen relativiert und hinterfragt werden können. Mädchen und Jungen sind jeweils unter sich, so dass sie „Weiblichkeit" und „Männlichkeit" nicht mehr füreinander produzieren müssen. Zudem können sie ihr „Mädchen-Sein" bzw. ihr „Junge-Sein" nicht mehr durch die Abgrenzung vom anderen Geschlecht erproben, sondern müssen eigene Formen finden. Sie erleben deutlicher, wie unterschiedlich Mädchen untereinander und auch Jungen untereinander sind.

Auch im Kindergarten und Hort kann es sinnvoll sein, zeitweise mit Mädchen und Jungen in geschlechtshomogenen Gruppen zu arbeiten. Auf diese Weise kann ein Lernumfeld neu geschaffen und Handlungsmöglichkeiten können erweitert werden. Wenn beispielsweise nicht schon von vorneweg klar wäre, dass bestimmte Tätigkeiten Jungen und andere Mädchen sowieso besser können, könnte auch wieder ein Zugang zu diesen bisher wenig geförderten bzw. sogar „verschütteten" Interessen und Fähigkeiten hergestellt werden.

Angenommen, es ist kein Junge im Hort, um das Fahrrad zu reparieren, ist das Mädchen gezwungen, entweder ein anderes Mädchen um Hilfe zu bitten oder es selbst zu reparieren bzw. zu lernen das Fahrrad zu reparieren. Oder um ein anderes Beispiel zu nennen: wenn kein Mädchen und auch keine Erzieherin anwesend ist, um den traurigen Jungen zu trösten, kann ein anderer Junge oder der Erzieher dies tun. In diesem Sinne kommt auch der Pädagogin und dem Pädagogen eine wichtige Rolle zu. Denn sie werden von den Kindern nicht nur in ihrer Berufsrolle, sondern auch als Frau oder Mann wahrgenommen. So kann beispielsweise die technisch versierte Erzieherin den Mädchen ganz selbstverständlich zeigen, dass Technik auch Mädchen- und Frauensache ist. Und auch der Erzieher variiert mit seiner Berufswahl und durch ein fürsorgliches und einfühlsames Verhalten die Geschlechterstereotype. In der geschlechtshomogenen Gruppe kann durch einen Rückbezug auf das eigene Geschlecht das Mädchen- und Junge-Sein anders erlebt werden. Dabei kann die Erzieherin für die Mädchengruppe und der Erzieher für die Jungengruppe auch als Vorbild für „geschlechtsuntypisches" Fühlen und Verhalten dienen, bzw. für all das, was nicht in den Stereotypen von Weiblichkeit und Männlichkeit aufgeht. Denn die polarisierende Gegenüberstellung von Mädchen und Jungen hindert sowohl Mädchen als auch Jungen daran, die dem jeweils anderen Geschlecht zugeordneten Gefühle und Verhaltensweisen auch bei sich selbst als mehr oder weniger vorhanden zu erkennen. Die Mädchen- oder die Jungengruppe kann somit hilfreich sein, die im eigenen Selbstbild fremd gehaltenen Interessen, Fähigkeiten und Gefühle wahrzunehmen und zu benennen.

Die geschlechtertrennende Arbeitsform mit konkreten und symbolischen Räumen für Lernen und Experimentieren in der geschlechtshomogenen Gruppe erleichtert diese *„aufdeckende" Form geschlechtsbewusster Pädagogik.*

Gezielte Angebote, Projekte und Themenschwerpunkte sind eine Möglichkeit, zeitweise in geschlechtsgetrennten Gruppen zu arbeiten. Es ist sinnvoll, dass die Mädchengruppe von einer Frau und die Jungengruppe von einem Mann geleitet wird. Wenn es keinen Erzieher gibt, können spezielle Angebote für Jungen auch von einer Erzieherin geleitet werden oder zu thematischen Schwerpunkten kann ein „Jungenarbeiter" eingeladen werden.[8]

---

[8] Vgl. auch Höyng 2001, S. 80; Rohrmann 2001, S. 148.

*Koedukative Arbeitsformen geschlechtsbewusster Pädagogik (reflexive bzw. gestaltete Koedukation)*, d. h. die pädagogische Arbeit in geschlechtsgemischten Gruppen, kann die alltägliche Interaktion von Mädchen und Jungen reflektiert begleiten, aufarbeiten und beeinflussen – und zwar dort, wo beide Geschlechter aufeinandertreffen und gegen- und aneinander ihre jeweiligen Geschlechtsidentitäten entwickeln.[9] Die gemischtgeschlechtliche Gruppe kann genutzt werden, um „Vergeschlechtlichungen" bewusst zu machen und um eingefahrene Muster in der Kommunikation von Mädchen und Jungen zu verändern. Vor allem können hier auch die Inszenierungen des Geschlechterverhältnisses in der alltäglichen Interaktion kritisch begleitet und situativ kommentiert werden. Eine geschlechtsbewusst reflektierte Zusammenarbeit zwischen Frauen und Männern ist dabei die günstigste Voraussetzung für diese Arbeitsform geschlechtsbewusster Pädagogik. Wenn es, wie in der Mehrzahl der Kindertageseinrichtungen, keinen Erzieher gibt, können natürlich auch die Erzieherinnen geschlechtsbewusst mit Mädchen und Jungen arbeiten, indem sie die Koedukation gestalten.

Im Kindergarten und in der Kindertagesstätte wird koedukativ gearbeitet. Hier ist zu überlegen, wann und wo zeitweise in geschlechtshomogenen Gruppe gearbeitet werden kann bzw. soll. Denn für die geschlechtsbewusste Pädagogik bietet sowohl die koedukative als auch die geschlechtertrennende Arbeitsform – jeweils abhängig von der konkreten Situation – je spezifische Vorteile.

Betrachten wir noch einmal das oben genannte Beispiel der Mädchen und Jungen im Hort, um zu zeigen, wann welche der beiden Arbeitsformen geschlechtsbewusster Pädagogik sinnvoll ist. Die unterschiedlichen Wünsche der Mädchen und Jungen können als Ausgangspunkt dienen, den Umgang mit dem ge-

---

[9] Vgl. Helfferich 1998, S. 40.

meinsamen Raum bewusst zu machen und kritisch in Frage zu stellen. Um diese eingefahrenen und geschlechtstypischen Raumnutzungs-, Bewegungs- und Interaktionsmuster in der geschlechtsgemischten Gruppe zu verändern, ist es pädagogisch sinnvoll, zuerst Selbstverständliches aufzubrechen, indem situationsbezogen eigene Räume geschaffen werden. In der zeitweise eingerichteten geschlechtshomogenen Gruppe können Mädchen und Jungen günstigstenfalls neue und andere Erfahrungen machen. Denn eine Veränderung der alltäglichen Interaktion ist schwierig, wenn Mädchen und Jungen nicht außerhalb dieses Alltags einen Ort finden, von dem aus sie Alternativen entwickeln und neue Handlungsmöglichkeiten erproben können. Allerdings ist es gleichermaßen wichtig, auch die gemischtgeschlechtliche Gruppe zu nutzen, um im Gegen- und Miteinander alltägliche Interaktionsmuster zu verändern, neue Bewegungsräume zu erproben und eine Vielfalt von „männlichen" und „weiblichen" Verhaltensweisen zu entwickeln. Gerade ein spielerischer Umgang mit den Zuschreibungen und Vorannahmen zum Mädchen- und Junge-Sein kann hier hilfreich sein (z. B. über Parodie oder spielerischen Geschlechterwechsel).

Sowohl die koedukative als auch die geschlechtertrennende Arbeitsform geschlechtsbewusster Pädagogik ist notwendig. In den koedukativen Einrichtungen im Elementarbereich ist zu überlegen, wann und wo zeitweise in der geschlechtshomogenen Gruppe gearbeitet werden soll. Da dies immer auch von den Gegebenheiten der jeweiligen Kindertageseinrichtung vor Ort abhängt, gilt es fallbezogen im Team zu entscheiden. Faktoren, die dabei eine Rolle spielen, sind beispielsweise die Rahmenbedingungen, Alter und Interesse der Kinder, pädagogischer Bedarf an Stärkung in der geschlechtshomogenen Gruppe und nicht zuletzt natürlich auch die personale Besetzung in der jeweiligen Einrichtung.

## 4.4 Herausforderungen an die Pädagogin und den Pädagogen

Respekt, Neugierde sowie die Fähigkeit genau hinzusehen und zuzuhören, und vor allem Offenheit für alles, was nicht in den Geschlechterstereotypen aufgeht, sind Voraussetzungen für die Umsetzung geschlechtsbewusster Pädagogik in der Praxis. Denn es geht darum, die Beziehungen unter den Kindern und jene zwischen Kindern und Erwachsenen geschlechtssensibel und hierarchiekritisch zu beobachten und zu reflektieren und ebenso die Arbeitsbeziehungen im Team und in der Einrichtung.

*Bei dieser Praxisreflexion* ist es wichtig, Wertungen und Klassifizierungen zu vermeiden und Mädchen und Jungen als Subjekte – mit individuellen Interessen und Fähigkeiten – wahrzunehmen. Das erfordert Aufmerksamkeit fürs Detail und Skepsis, wenn Stereotype angewendet werden, wie „typisch Mädchen" und „typisch Junge".

Um diese pädagogische Haltung einnehmen zu können, sollte die Pädagogin bzw. der Pädagoge – symbolisch ausgedrückt – „mittendrin" und zugleich „außerhalb" stehen, „beheimatet" und zugleich „fremd" sein. Beheimatet und zugleich fremd zu sein bedeutet, dass die Pädagogin zum einen Teil des Ganzen ist: als Angehörige der sozialen Gruppe der Frauen, als Angehörige einer Berufsgruppe, in der überwiegend Frauen vertreten sind, als Teil der jeweiligen Kindertageseinrichtung etc. Zum anderen betrachtet sie all das, was „normal und selbstverständlich" erscheint, wie z. B. Verhaltensweisen, Organisationsstrukturen, als seien sie unbekannt und neu.

Für ihre Haltung in Bezug auf Mädchen und Jungen bedeutet das, die Kinder als Individuen und als Angehörige der jeweiligen sozialen Geschlechtergruppe mit den entsprechenden geschlechtstypischen Zuschreibungen und sozialen Praktiken zu betrachten („doppelte Blickrichtung").

Als Mitglieder dieser Gesellschaft finden wir in unserer Berufspraxis die sichtbar werdenden Geschlechterverhältnisse jedoch nicht nur vor, sondern sind auch Teil davon und beteiligen uns durch unser tägliches berufliches und privates Handeln daran (im Sinne von „doing gender").[10]

> Geschlechtsbewusste Pädagogik erfordert Reflexionskompetenz und Handlungskompetenz sowie eine Auseinandersetzung mit der eigenen Geschlechter- und Berufsrolle.

Insbesondere die Fähigkeit zur Selbstreflexion ist im Rahmen geschlechtsbewusster Pädagogik unerlässlich und Teil pädagogischer Qualifikation. Das mag sich zwar wie eine Binsenweisheit anhören, die bewusste Auseinandersetzung mit der eigenen Entwicklung ist jedoch nach wie vor kein selbstverständlicher Bestandteil pädagogischer Professionalität.[11]

Unsere Annahmen zur Geschlechterdifferenz stehen jedoch im Zusammenhang mit unseren eigenen biographischen Erfahrungen als Mädchen/Frau bzw. als Junge/Mann. Diese Erfahrungen beeinflussen die Meinungen und Konzepte, die von Pädagoginnen und Pädagogen vertreten werden: Welche Erfahrungen habe ich als Mädchen bzw. als Junge gemacht? Übertrage ich unbewusst und ungewollt Aspekte meines eigenen Aufwachsens und meiner Erziehung auf Mädchen bzw. Jungen in der Einrichtung? Was mag ich an Mädchen und was nicht? Was mag ich an Jungen und was stört mich? Welche Zuordnungen setze ich ein, um mir das Verhalten von Mädchen und Jungen plausibel zu machen? Und welche Gefühls- und Verhaltensweisen irritieren meine Wahrnehmung, weil sie nicht in meine

---

[10] Vgl. Brückner 2001, S. 120.
[11] Vgl. Bereswill 1998, S. 10.

Bilder passen? Wo „vergeschlechtliche" ich Situationen oder Verhaltensweisen? Welches Verhältnis habe ich zu meinem Beruf?

Die Reflexion auf das eigene Selbst sollte sich, ähnlich wie die Reflexion auf die anderen, nicht mit einem Blick begnügen: auch hier ist die doppelte Blickrichtung hilfreich, denn wir füllen unseren Beruf nicht nur als Individuum aus, sondern auch als gesellschaftliche Wesen. So haben viele PädagogInnen die gesellschaftliche Abwertung ihrer beruflichen Tätigkeit verinnerlicht. Daher ist eine bewusste Auseinandersetzung mit diesen Vorurteilen und Abwertungen unabdingbar. Um beispielsweise überzeugend dafür zu plädieren, dass es erstrebenswert und eine große Stärke ist, Beziehungen aufzubauen, sich in andere hineinversetzen zu können, soziale Verantwortung zu übernehmen und fürsorglich zu sein, muss man diese Verhaltensweisen auch selbst als Fähigkeiten und als Arbeit wahrnehmen und wertschätzen.

# 5 Bausteine geschlechtsbewusster Pädagogik für Kindertageseinrichtungen

Dem Kindergarten kommt als erster außerfamilialer Sozialisationsinstanz eine besondere Bedeutung innerhalb der geschlechtsbewussten Pädagogik zu. Denn kindliches Lernen ist eine aktive Aneignung der Welt mit allen Sinnen. Dabei ahmen Kinder jedoch nicht nur das Verhalten von Frauen und Männern oder anderen Kindern nach. Vielmehr inszenieren und erproben sie das Erlebte oder Gesehene und setzen vor allem auch eigene Impulse. Sie imitieren, übertreiben und dramatisieren und zugleich probieren sie aus, inwieweit das vorgegebene, vorgelebte und erwartete Verhalten mit den eigenen Wünschen und Bedürfnissen zu vereinbaren ist.

## Kindliche Inszenierungen von Mädchen- und Jungesein aufmerksam begleiten

Die bisherigen Ausführungen haben jedoch gezeigt, dass die herrschenden Geschlechterverhältnisse und die damit verbundene Ausformung der Geschlechtsidentität die Entfaltungsmöglichkeiten von Mädchen und Jungen erheblich einschränken und sogar zu auffälligem Verhalten führen können. Daher ist es unerlässlich, Mädchen und Jungen bei der Erprobung und Inszenierung der Geschlechterverhältnisse kritisch zu begleiten und die Entwicklung von Geschlechtsidentität als offenen Prozess zu fördern. Dazu gehört vor allem, auf die Inszenierungen zu reagieren und den Mädchen und Jungen unterschiedliche und erweiterte Formen von Mädchen- und Junge-Sein zu zeigen und damit die vorhandene Vielfalt von Seinsweisen der Kinder zu unterstützen. Ein Beispiel aus dem Kindergartenalltag:

> Eine Gruppe von Jungen stürmt in die Bauecke und vertreibt einige Mädchen, die auch gerne mitspielen wollen mit den Worten: „Bauen ist Männersache" und „Mädchen haben keine Ahnung von Technik". Die Mädchen ziehen sich an den Basteltisch zurück und malen.

Wie kann man auf diese Situation reagieren?

- *Grenzen setzen oder ermutigen*
Statt dieses Verhalten als geschlechtstypisch hinzunehmen und nicht zu reagieren, können den Jungen Grenzen gesetzt und die Mädchen ermutigt werden. Dabei wird erklärt, dass auch Mädchen und Frauen bauen können, viele Frauen über technische Kenntnisse verfügen und manche Männer weder Kompetenzen noch Know-how haben, was den Umgang mit Technik anbelangt. Günstigstenfalls erfolgt dies am Beispiel der eigenen Person, beispielsweise: „Ich kann sehr gut mit Technik umgehen und bin eine Frau" oder „Ich kann weder bauen noch mit Technik umgehen und bin ein Mann." Diese punktuelle Reaktion macht jedoch wenig Sinn, wenn sie nicht als kontinuierliche Haltung im Alltag situationsbezogen immer wieder entwickelt und gezeigt wird, z. B. beim Verkleiden, bei Spielen, bei Alltagstätigkeiten und überall dort, wo Kinder ausprobieren, was es heißt, Mädchen bzw. Junge zu sein. Es ist jedoch wichtig, keine neuen Bilder vom „richtigen" Mädchen oder Jungen aufzubauen, sondern Vielfalt zu ermöglichen.
- *Vielfältige Modelle von Frau- und Mann-Sein eröffnen*
Es besteht die Möglichkeit, Frauen einzuladen, die in traditionell männerdominierten Berufen arbeiten, z. B. eine Inge-

nieurin oder Tischlerin, oder Männer, die in eher frauendominierten Berufen tätig sind: z. B. Altenpfleger, Hausmann, Sozialarbeiter. Oder man kann sich mit unterschiedlichen Lebensformen von Männern und Frauen – günstigstenfalls die Bezugspersonen der Kinder – auseinandersetzen, wie beispielsweise die Tante eines Mädchens im Kindergarten, die allein lebt und keine Kinder hat oder die Familie eines Jungen türkischer Herkunft, in der drei Generationen zusammenleben. Oder man schafft in der Einrichtung Kinderbücher an, in denen Männer und Frauen auftauchen, die sich geschlechtsuntypisch verhalten bzw. sich den Klassifizierungen entziehen.

- *Vielfältige Erfahrungen von Mädchen- und Junge-Sein ermöglichen*

Dies kann geschehen durch Angebote für Mädchen und Jungen, die es ihnen ermöglichen, sowohl ihr Bedürfnis nach Bewegung als auch nach Entspannung auszudrücken und die ihre Körperwahrnehmung fördern, wie beispielsweise beim Tiereraten: Ein Junge liegt auf dem Bauch und ein anderer lässt seine Hände in der Gangart verschiedener Tiere über den Rücken wandern. Der Junge muss raten, um welches Tier es sich handelt.

Oder die Jungen werden ebenso selbstverständlich wie Mädchen zu Hilfsdiensten wie Tischdecken, Pflanzenpflege, Zubereitung der Mahlzeiten und Spülen aufgefordert und wie die Mädchen dazu angehalten, die selbst hergestellte Unordnung zu beseitigen.

Mädchen können Angebote gemacht werden, die sie dabei unterstützen, sich Raum zu nehmen: Sie bewegen sich z. B. in einem Raum, laufen, rennen, trampeln, mal laut und mal leise; sie stellen sich hin und versuchen stehen zu bleiben, auch wenn ein anderes Mädchen versucht sie „umzuschubsen", sie messen ihre Kräfte und erproben ihre Standfestigkeit.

Erst wenn wir Mädchen und Jungen vielfältige Erfahrungen – jenseits der Geschlechterstereotype – ermöglichen, können sie erfahren, was ihren eigenen Neigungen entspricht und was sie in ihr Selbstbild integrieren wollen. Daher geht es geschlechtsbewusster Pädagogik weder um Rollentausch noch um vermeintliche Gleichmacherei von Mädchen und Jungen. Ziel ist, Mädchen und Jungen eine Vielfalt von geschlechtlichen Ausdrucksmöglichkeiten anzubieten und sie in ihrem Eigen-Sinn zu fördern, statt sie auf das zu reduzieren, was gerade als typisch männlich oder typisch weiblich gilt. Dem Bedürfnis von Kindern nach Orientierung sollten wir nicht durch klare und eindeutige Zuordnungen zu „Weiblichkeit" und „Männlichkeit" entgegenkommen. Viel wichtiger sind Kontinuität in einer vertrauensvollen, stabilen Beziehung, Klarheit von Regeln im gemeinsamen Umgang sowie Rituale im Alltag. Vor allem die gravierenden gesellschaftlichen Veränderungen erfordern zunehmend Persönlichkeiten, die mit Uneindeutigkeiten, Widersprüchen und Differenzen umgehen können und die stark genug sind, diese nicht als Bedrohung der eigenen Identität, sondern als Bereicherung zu erleben.

## Praktische Anregungen zur Umsetzung geschlechtsbewusster Pädagogik

Im Folgenden werden praktische Anregungen zur Umsetzung geschlechtsbewusster Pädagogik gegeben. Dazu wird hier ein „Bausteine-Modell" vorgestellt, das aus einem Reflexionsteil für die jeweiligen Themen sowie einer Auswahl praktischer Angebote besteht. Wesentlich für die Anwendung ist es, die Rahmenbedingungen der Einrichtung und die Lebenswelten der Mädchen und Jungen zu berücksichtigen und die jeweiligen Praxisanregungen möglichst immer *situationsbezogen* und – dem Alter angemessen – *spielerisch* zu entwickeln.

In den Ausführungen zum *ersten Baustein* geht es um Selbst- und Teamreflexion. Denn geschlechtsbewusste Pädagogik setzt voraus, dass sich die Pädagogin bzw. der Pädagoge bewusst mit der eigenen Biographie sowie der Berufsrolle als Frau bzw. als Mann auseinandersetzt.

Der *zweite Baustein* beschäftigt sich mit Fragen, wie das Alltagshandeln verändert werden kann. Voraussetzung dafür ist es, den Alltag in der Einrichtung geschlechtssensibel zu beobachten und das eigene pädagogische Handeln dahingehend zu reflektieren.

Im *dritten Baustein* geht es um praktische Anregungen, wie altersgerechte Formen der Beteiligung von Mädchen und Jungen entwickelt werden können, die die individuelle Entfaltung fördern und Benachteiligungen von Mädchen verhindern.

Der *vierte Baustein* beinhaltet Aktionen, Projekte und Spiele, um Mädchen und Jungen in unterschiedlichen Bereichen neue Erfahrungen zu ermöglichen und Verhaltensweisen spielerisch zu verändern bzw. zu erweitern. Dabei werden exemplarisch einige Aspekte der Geschlechterverhältnisse ausgewählt, die bereits im Kindesalter eine Einschränkung der Entfaltungsmöglichkeiten und soziale Probleme verursachen sowie zu Benachteiligungen für den weiteren Lebensweg führen.

Der *fünfte Baustein* vermittelt Formen der Eltern- und Öffentlichkeitsarbeit, um geschlechtsbewusste Pädagogik auch nach außen hin sichtbar zu machen.

Das Bausteinsystem besteht aus vielen unterschiedlichen Schritten, so dass sich jedes Team nach Maßgabe der jeweiligen Situation für einen individuellen Weg entscheiden kann. Da geschlechtsbewusste Pädagogik immer auch die Bereitschaft voraussetzt, sich mit der eigenen Person und Berufsrolle als Frau bzw. als Mann auseinander zu setzen, empfiehlt sich gerade am Anfang eine Begleitung durch eine SupervisorIn mit Erfahrungen und Kenntnissen im Feld der geschlechtsbewussten Pädagogik.

Hilfreich ist auch der Erfahrungsaustausch mit Einrichtungen im Kinder- oder Jugendhilfebereich, die bereits geschlechtsbewusst arbeiten. Es gibt inzwischen viele Fachfrauen und auch Fachmänner, die als Referentin bzw. als Referent für ein Einführungsseminar oder entsprechende Themenschwerpunkte der geschlechtsbewussten Pädagogik eingeladen werden können.

## 5.1 Erster Baustein: Selbstreflexion und Teamgespräch

Als Mitglieder dieser Gesellschaft finden wir in unserer Berufspraxis die gegebenen Geschlechterverhältnisse nicht nur vor (z. B. bei den Kindern oder Eltern oder im Gemeinwesen), sondern sind als Pädagoginnen und Pädagogen auch Teil davon und beteiligen uns aktiv durch unser tägliches berufliches und privates Handeln daran (im Sinne von „doing gender"). Wir werden von Kindern als Frau oder als Mann wahrgenommen und beziehen uns jeweils als Frau oder als Mann auf die Kinder.[1]

Damit nicht unreflektierte Vorstellungen über das „richtige" Mädchen und den „richtigen" Jungen und traditionale Annahmen zum Geschlechterverhältnis unser berufliches Handeln beeinflussen, ist es unerlässlich, sich mit dem eigenen Frau- bzw. Mann-Sein und der eigenen Berufsrolle als Frau bzw. als Mann auseinander zu setzen. Beide Aspekte sind Voraussetzung für die Umsetzung geschlechtsbewusster pädagogischer Arbeit.

---

[1] Vgl. Brückner 2001, S. 120.

## 5.1.1 Reflexion der Berufsrolle ErzieherIn

Der ErzieherInnenberuf ist ein typischer Frauenberuf. In den alten Bundesländern sind 96,2 % von den fast 230.000 Beschäftigten in den Kindertagesstätten weiblich, in den neuen Bundesländern sind es 96,4 % von 83.000 Beschäftigten.[2] Charakteristisch ist der Widerspruch zwischen den hohen, immer neuen Anforderungen im Berufsalltag (durch Kinder, Eltern, Politik und Gesellschaft) einerseits und den niedrigen Gehältern, den fehlenden Aufstiegs- und Entwicklungsmöglichkeiten sowie dem geringen sozialen Ansehen dieser Arbeit andererseits. Eine Folge dieser strukturellen Bedingungen ist vermutlich auch die hohe Fluktuation in diesem Arbeitsfeld.[3] Aus gleichheitstheoretischer Perspektive wird diese Realität des ErziehrInnenberufes als geschlechtsspezifische und geschlechtshierarchische Arbeitsteilung beschrieben.

Birgit Rommelspacher zeigte mit ihrer Untersuchung zur weiblichen sozialen Arbeit, dass es Frauen häufig schwer fällt, die von ihnen beruflich ausgeübte Verbindung von Beziehungsarbeit, Bezugnahme auf die eigenen Erfahrungen und Methoden Sozialer Arbeit als „richtige" Arbeit zu betrachten. Sie interpretieren sie eher als ein „Zurechtfummeln", als „patch work", das sich unterhalb der offiziellen pädagogischen Handlungsansätze abspielt. Pädagoginnen stellen so selbst die Trennung von privat – öffentlich, von Betreuung, Erziehung und Bildung im Gegensatz zu politischen Themen her. Sie begreifen daher auch das Ermutigen und Unterstützen von Mädchen, obwohl professionell erbracht, als „Privatsache".[4] Nachgewiesen wurden überdies Versäumnisse in der Vermittlung von Fachkenntnissen

---

[2] Burkhard 2001, zit. nach Faulstich-Wieland 2001, S. 122.
[3] Rabe-Kleberg 1995, S. 90.
[4] Vgl. Rommelspacher 1987; Funk, Bitzan 1995 zit. nach Bitzan, Daigler 2001, S. 70.

an den Fachschulen. Das betrifft vor allem den Bereich geschlechtssensibler Analysen und Handlungskonzepte[5] und damit verbunden auch die Auseinandersetzung mit der eigenen Berufsrolle in einem typischen Frauenberuf. Andere Untersuchungen zeigen hingegen, dass Erzieherinnen ein professionelles Selbstverständnis entwickeln, „das weit entfernt von einer ausschließlich emotional getragenen Beziehungsarbeit" ist.[6] Die Befragten dieser Studie zur „beruflichen Sozialisation von Erzieherinnen im Übergang von Fachschule in das pädagogische Tätigkeitsfeld" reduzieren ihren Beruf nicht auf eine „institutionalisierte Mütterlichkeit" oder gar hausarbeitsnahe Tätigkeit, sondern sind überzeugt von einer gleichen Begabung beider Geschlechter für dieses pädagogische Feld.

Gleichwohl haben Pädagoginnen nach wie vor die gesellschaftliche Abwertung ihrer Tätigkeit häufig verinnerlicht. Insbesondere Beziehungsarbeit wird oft nicht als Arbeit anerkannt und wertgeschätzt. Woran liegt das? Kennzeichnendes Merkmal sozialer Berufe ist die Spannung zwischen institutionell verankertem professionellem Wissen auf der einen Seite und Beziehungswissen und Beziehungsfähigkeiten auf der anderen Seite. Letzteres bleibt als berufliches Merkmal jedoch in der Regel unbeachtet, wird der Privatsphäre und dem weiblichen Geschlecht zugeordnet und abgewertet.

Die Herausbildung dieser geschlechtstypischen Fähigkeiten hängt mit der Sozialisation und den Erfahrungswelten von Männern und Frauen in einem kulturellen System der Zweigeschlechtlichkeit zusammen. Gleichzeitig haben sie aber auch eine identitätsstiftende Funktion.

---

[5] Vgl. u. a. Stiegler 1998, zit. nach Faulstich-Weiland 2001, S. 123.
[6] Dippelhofer-Stiem u. a. 1999, S. 19.

> *"Denn die geschlechtsspezifischen Zuschreibungen basieren nicht nur auf äußerlichen Verhältnissen, sondern ihnen kommt eine wichtige, identitätsstabilisierende Funktion zu, die kulturell verankerten Vorstellungen von einer „richtigen" Frau und einem „richtigen" Mann entsprechen, selbst wenn sich diese Bilder und die sozialen Praxen längst diversifiziert haben."*[7]

Die Gleichsetzung von Weiblichkeit mit Beziehungsorientierung, Betreuung, Erziehung und Fürsorge erweist sich daher im doppelten Sinne als problematisch: zum einen wegen des geringen Ansehens sozialer Berufe und zum anderen, weil das oft zu einem Kern des Selbstbildes der Pädagogin wird. Dies wird vor allem dann schwierig, wenn zur Aufrechterhaltung dieses Selbstbildes andere Menschen zur eigenen Bestätigung funktionalisiert werden oder auch wenn aggressive Gefühle und Verhaltensweisen ausgeblendet werden. Vor allem in der Modellfunktion für Mädchen erweist es sich als einschränkend, wenn Erzieherinnen ihre Aggressionen und ihre Wut ausgrenzen.

Vermittlungsversuche und Appelle an Mädchen und Jungen, soziales Handeln positiv zu bewerten, sind wenig wirksam, wenn wir nicht selbst davon überzeugt sind. In erster Linie müssen Pädagoginnen und Pädagogen selbst von der Gleichwertigkeit von sozialen und technischen oder ökonomischen Berufen ausgehen. Aber oft übernehmen wir selbst die gesellschaftlichen Abwertungen und sehen beispielsweise nicht, dass es eine Kompetenz ist, Beziehungen herstellen und gestalten zu können, oder dass die Förderung der sozialen Verantwortung ebenso wichtig ist wie die Förderung der Unabhängigkeit und Eigenständigkeit des bzw. der Einzelnen.

---

[7] Heintz, Nadai 1998, zit. nach Brückner 2001, S. 128.

> So gesehen ist es für eine geschlechtsbewusste Pädagogik nicht nur unerlässlich, die Entwertungen in der Sozialisation von Mädchen zu begreifen und alternative Erfahrungen zu ermöglichen. Für die Qualität der Arbeit und die Handlungsfähigkeit ist es grundlegend, auch die eigenen Erfahrungen in diesem Zusammenhang zu verstehen und sich und der eigenen Arbeit selbst Wert zu geben. „An-Erkennung heißt, sich selbst und ihresgleichen zu erkennen, anzunehmen, Geltung zu geben."[8]

In der aktuellen pädagogischen Debatte ist immer wieder von Beteiligung und Partizipation von Mädchen und Jungen die Rede. Die ErzieherInnen selbst können jedoch die Rahmenbedingungen ihrer Arbeit nur geringfügig mitbestimmen. Sie übernehmen eine wichtige gesellschaftliche Arbeit, aber ihr Einfluss auf deren Strukturen ist sehr gering. Dies ist wiederum charakteristisch für frauentypische Berufe, die in aller Regel mit Machtlosigkeit von Frauen und ihrem Ausschluss aus der „allgemeinen" Öffentlichkeit verbunden sind. Daher ist es eine notwendige politische Forderung, dass Pflege-, Betreuungs- und Erziehungsarbeit gesellschaftlich aufgewertet, honoriert und geschlechtsunspezifisch organisiert wird.

Männer, die in einem typischen Frauenberuf tätig sind, werden immer mit einer besonderen Aufmerksamkeit beobachtet. Je nach Blickrichtung der Betrachtenden, werden sie entweder als besondere „Ausnahmemänner" hervorgehoben oder sie werden als „unmännlich" eingeordnet. Gerade weil Männer im Elementarbereich nach wie vor keine Selbstverständlichkeit sind, ist auch die Reflexion der eigenen Berufsrolle als Erzieher unerlässlich.

Aus diesen Gründen ist für Frauen und Männer die Auseinandersetzung mit der Berufsmotivation notwendig.

---

[8] Bitzan, Funk 1995, zit. nach Bitzan, Daigler 2001, S. 71.

- Warum habe ich diesen Beruf gewählt? Was hat meine Berufswahl mit meinem Frau- bzw. Mann-Sein zu tun? Wer hat mich in meiner Berufsentscheidung angeregt, gefördert oder behindert? Was mag ich an diesem Beruf?

## Kompetenzen in der pädagogischen Arbeit mit Mädchen und Jungen

Um die eigene Arbeit wertzuschätzen, müssen die eigenen pädagogischen Tätigkeiten und vor allem auch die eigenen Kompetenzen zuerst einmal bewusst wahrgenommen werden. Folgende Reflexionsanleitung kann hierbei hilfreich sein.[9]

- Was sind meine Kompetenzen?
  Was kann ich gut?
  Was sind meine Fähigkeiten und Stärken?
  Was mache ich besonders gern?
  Z. B. Ich bin ... Ich habe viel Erfahrung in ... Ich habe viel Lebenserfahrungen ... Ich habe die Schwerpunkte ... Ich kann gut ...
- Woraus setzt sich mein „Produkt" zusammen?
  Was sind dieRohstoffe meiner Arbeit?
  Was ist mein Selbstverständnis?
  Nach welchem Konzept arbeite ich?
  Mit welchen Methoden arbeite ich?
  Mit welchen Kindern arbeite ich?
  Wie sehen deren Lebenswelten aus?
  Welche „Spielregeln" halte ich für wichtig?
- Was ist mein Angebot?
  Was bietet mein „Produkt" bzw. meine Arbeit?

---

[9] Diese Reflexionsanleitung ist von meiner Kollegin Anke Bührmann für die Fort- und Weiterbildung von PädagogInnen entwickelt worden.

Was ist der Nutzen meiner Arbeit für den Kunden (Mädchen, Jungen, Eltern, Arbeitgeber etc.)?
Wie sieht die Bedarfs- und Versorgungslage aus (z. B. Öffnungszeiten)[10]
- Nebenwirkungen und Besonderheiten
Was sind meine „Fallen" und „Verführungen"?
Wie können sich meine Stärken als Schwächen auswirken?
Welche Risiken und Gefahren bestehen in meiner Arbeit?
- Was sind die Grenzen meiner Arbeit?
Was möchte ich noch lernen?
Was möchte ich noch vertiefen?
Welche Ziele und Wünsche habe ich?
Wovon möchte ich mich verabschieden?

Für die Umsetzung geschlechtsbewusster Pädagogik in der eigenen Einrichtung ist es zudem unerlässlich, sich die eigenen Ziele und Visionen in Bezug auf die Geschlechterverhältnisse zu vergegenwärtigen. Es handelt sich hierbei um keinen abgeschlossenen Prozess, vielmehr sollte diese Reflexion immer wieder stattfinden.

## Ziele und Visionen in Bezug auf die Geschlechterverhältnisse

- Was will ich für mein eigenes Leben verändern bzw. erreichen?
- Was möchte ich in meinem Beruf verändern bzw. erreichen, was für die Mädchen und Jungen in meiner Gruppe?
- Was soll sich gesellschaftspolitisch ändern? Was kann ich dazu beitragen?

---

[10] Mit der Frage, wie Öffnungszeiten zu mehr Geschlechtergerechtigkeit auf dem Arbeitsmarkt beitragen können, müssen sich vor allem auch die Träger der Einrichtungen beschäftigen.

- Wie kann das kulturelle Bild von Männlichkeit so verändert werden, dass es gesellschaftlich erforderliche Erziehungs- und Betreuungsarbeit einschließt?
- Wie können Weiblichkeitsbilder so gefasst werden, dass weitere Aufgabengebiete positiv besetzbar sind und Fürsorgeaufgaben gegebenenfalls ohne schlechtes Gewissen und ohne allzu große Verlustängste abgegeben werden können?

## Als Frau bzw. als Mann in der pädagogischen Arbeit

Die geschlechtsbewusste Förderung von Mädchen und Jungen fordert die Pädagogin und den Pädagogen in besonderer Weise heraus. Sie funktioniert nur, wenn eine Bereitschaft vorhanden ist, sich mit der eigenen Geschichte und Situation als Mann bzw. als Frau auseinander zu setzen, sich auf Neues einzulassen und Selbsterforschungsprozesse zu durchleben. Ohne diese weitgehende Übereinstimmung zwischen der eigenen Person und den Inhalten wird geschlechtsbewusste Pädagogik schnell „rezepthaft" und „verwässert zu einer beliebigen Methode innerhalb der pädagogischen Praxis."[11]

Mehr als in der üblichen Berufsrolle sind wir auch in unserer Person als Frau bzw. als Mann gefordert. Aufgrund ähnlicher geschlechtsbezogener Erfahrungen der Mädchen und Pädagoginnen bzw. der Jungen und Pädagogen gibt es etwas Gemeinsames. Dies kann eine Chance sein, birgt aber auch ein Risiko, wenn nämlich eigene Erfahrungen, z. B. erlebte Einschränkungen oder Kränkungen, aber auch Interessen und Wünsche, unreflektiert übertragen werden. Oft sind beispielsweise die Wünsche und Fähigkeiten der Mädchen dem eigenen weiblichen Selbstverständnis und Lebenskonzept entgegengesetzt.[12] Für die Pädago-

---

[11] Vgl. Klees-Möller 1998, S. 30.
[12] Vgl. Klees-Möller 1998, S. 31.

gin besteht hier die Gefahr, die eigenen Vorstellungen und Erfahrungen gewollt oder ungewollt auf die Mädchen zu übertragen. Dann sind die Mädchen nicht mehr Subjekte, sondern Objekte der persönlichen Neigungen der Pädagogin oder deren unbearbeiteten biographischen Erfahrungen. Dagegen stellt die gezielte Auseinandersetzung mit der eigenen Geschichte und Situation als Frau bzw. als Mann eine Chance dar für die geschlechtsbewusste pädagogische Arbeit.

Mädchen wie Jungen benötigen zur Selbstfindung Anregungen durch erwachsene Frauen, Männer, Mütter, Väter, Erzieherinnen und Erzieher, Politikerinnen und Politiker usw. Um die bei Mädchen und Jungen vorhandene Vielfalt von Seinsweisen zu ermöglichen ist es wichtig, dass die Kinder jenseits der traditionalen Vorbilder Frauen erleben können, die selbstständig, eigensinnig und stark sind und die beispielsweise in ganz unterschiedlichen Lebensformen leben. Sie können den Mädchen die Möglichkeit eröffnen, andere als die gewohnten Verhaltens- und Bewegungsformen und andere als die gewohnten Aktivitäten kennen zu lernen.

Insbesondere für Jungen ist es wichtig, Männer bzw. männliche Identifikationsfiguren zu erleben, die jenseits der traditionellen Männlichkeit Stärke zeigen, indem sie soziale Verantwortung übernehmen, Fürsorge-, Pflege- oder erzieherische Tätigkeiten ausüben und sich nicht nur über Berufsarbeit definieren.

Diese Anforderungen sind nicht ausschließlich dadurch zu erreichen, dass es mehr männliche Erzieher in der Einrichtung gibt. Das biologische Geschlecht allein ist hier nicht ausreichend. Männliche Erzieher können nur dann ausgleichend wirken bzw. geschlechtsbewusst pädagogisch arbeiten, wenn sie sich bewusst mit der eigenen Männlichkeit auseinandergesetzt haben, sensibel sind für Hierarchien im Geschlechterverhältnis und an deren Abbau interessiert sind. Zudem kann es nicht darum gehen, Frauenarbeitsplätze mit Männern zu besetzen, ohne

Ausgleich durch die Besetzung von so genannten Männerarbeitsplätzen durch Frauen.[13]

## Anregungen zur Selbsterforschung

Um sensibel zu werden für das eigene weibliche oder männliche Lebenskonzept und für das von Mädchen und Jungen, ist es wichtig, sich mit der eigenen Biografie als Mann oder Frau sowie mit dem eigenen Verhalten gegenüber Mädchen und Jungen auseinanderzusetzen.

*Als ich ein Mädchen / ein Junge war:*
Nach einer Phase der Entspannung und Rückbesinnung kann jede bzw. jeder in sich Bilder und Gefühle aus der eigenen Kindheit entstehen lassen.

- Wie sah ich damals aus? Wie habe ich mich gefühlt? Welche Spiele habe ich wo und mit wem gespielt?
- War ich ein eher „wildes" oder eher ein „braves" Mädchen? bzw. war ich ein „wilder" oder eher ein „braver" Junge?
- Was fand ich gut daran, ein Mädchen bzw. ein Junge zu sein?
- Was durfte ich? Was durfte ich nicht? Was durften die Jungen, was nicht? Was durften die Mädchen, was nicht?
- Welche Aufgaben und Pflichten hatte ich als Mädchen bzw. als Junge, was wurde von mir erwartet?
- Welche Privilegien hatte ich als Junge, welche hatte ich als Mädchen?
- Welche weiblichen und/oder männlichen Vorbilder hatte ich?
- Wie wäre ich gerne gewesen? Was hätte ich gerne anders gemacht? Wo bzw. wann habe ich Geschlechtszuschreibungen überschritten?
- Wann war ich auch „böse", „wütend" oder „wild"?

---

[13] Vgl. Faulstich-Wieland 2001, S. 128.

Erster Baustein: Selbstreflexion und Teamgespräch

- Gab es geringschätzige Bemerkungen oder gab es Anforderungen an mich als Mädchen bzw. als Jungen, die mich verletzt oder wütend gemacht haben?
- Wann war ich auch traurig und habe mich klein und verletzbar oder gefühlt?

*Meine Situation als Frau bzw. als Mann:*
- Was wollte ich immer schon mal ausprobieren und habe es im Laufe der Zeit vergessen?
- Wie sieht mein Tagesablauf aus? Welche Aufgaben und Pflichten habe ich als Frau bzw. als Mann? Hier ist es sinnvoll, beispielsweise in einem Kreis, die jeweiligen Anteile der Tätigkeiten pro Tag oder Woche wie unterschiedlich große Kuchenstücke aufzumalen: Erwerbsarbeit, Hausarbeit, ggf. Betreuung und Erziehung der eigenen Kinder, gemeinnützige ehrenamtlich geleistete Arbeit, politisches Engagement etc. Auch die Tätigkeiten in der Freizeit gilt es genauer zu betrachten. Wie viel Zeit habe ich zum „Rumhängen" und „Gammeln"?
- Welche Privilegien habe ich als Mann? Welche habe ich als Frau?
- Welche weiblichen bzw. männlichen Vorbilder habe ich?
- Was mag ich an Frauen? Was mag ich an Männern? Was stört mich?
- Wie wäre ich gern? Was täte ich dann?
- Gibt es Gefühle, die ich weniger spüre bzw. ausdrücken kann? Welche?
- Gibt es etwas, was ich nicht getan habe bzw. tun konnte, weil ich eine Frau bzw. ein Mann bin?
- In welchen Situationen verhalte ich mich typisch weiblich bzw. typisch männlich? Gibt es Situationen, in denen ich mein Frau- bzw. mein Mann-Sein besonders zeige?

*Mein Verhalten Mädchen und Jungen gegenüber:*
- Was mag ich an den Mädchen in meiner Gruppe? Was nervt mich? Wie sieht die Lebenswelt der unterschiedlichen Mädchen aus?
- Was mag ich an den Jungen in meiner Gruppe? Was stört mich? Wie sehen die Lebenswelten der verschiedenen Jungen aus?
- Wie viel Aufmerksamkeit schenke ich den Mädchen? Wie viel Aufmerksamkeit schenke ich den Jungen?
- Gibt es Unterschiede, zu welchen Aufgaben ich Mädchen und zu welchen ich Jungen um Mithilfe bitte?
- Lobe ich Mädchen, wenn sie sich beispielsweise um andere kümmern, rücksichtsvoll sind oder wenn sie aufräumen oder sehe ich das als selbstverständlich an? Fördere ich Mädchen, sich selbst zu behaupten, sich Raum zu nehmen, ihre Wut auszudrücken, auch mal andere Spiele auszuprobieren und sich in technischen Bereichen zu erproben?
- Von welchen Kindern erwarte ich mehr Rücksichtnahme anderen Kindern gegenüber?
- Was erwarte ich von Mädchen und was von Jungen in Konfliktsituationen?
- Welche Kategorisierungen benutze ich, um mir das Verhalten von Kindern zu erklären und welche Fähigkeiten und Eigenschaften der Kinder neige ich zu übersehen?
- Lasse ich Jungen Raum, um Ängste, Kleinheitsgefühle und Traurigkeit auszudrücken? Ziehe ich Jungen auch zu Alltagspflichten wie aufräumen, den Tisch zu decken oder sich um kleinere Kinder zu kümmern heran? Setze ich Jungen auch Grenzen, wenn sie Mädchen abwerten oder zurücksetzen? Fördere ich Jungen, auch mal andere Spiele auszuprobieren und kreative Fähigkeiten zu erproben?
- Wie reagiere ich, wenn Mädchen und Jungen Geschlechtszuschreibungen überschreiten?

- In welchen Situationen verhalte ich mich als Erzieherin typisch weiblich bzw. als Erzieher typisch männlich?

## 5.1.2 Anregungen zum Teamgespräch

All diese Anregungen für die Selbstreflexion können auch für das Teamgespräch genutzt werden. Allerdings gilt es hier genau zu überlegen, was ich den anderen mitteilen will und kann, da es sich hierbei nicht um einen geschützten Rahmen handelt, wie beispielsweise in einer Selbsterfahrungsgruppe oder einer Supervision. Es empfiehlt sich, für eine entsprechende Atmosphäre zu sorgen und vorab eigene Regeln des Umgangs miteinander zu entwickeln, damit ein offenes, strukturiertes Kommunikationsklima entsteht. Nur dann ist es möglich, unterschiedliche persönliche und theoretische Standpunkte und Meinungen stehen zu lassen, ohne sie zu bewerten und sich miteinander zu streiten, ohne verletzend zu sein. Diese Regeln sollten gemeinsam entwickelt und für alle sichtbar festgehalten werden.

Folgende Gesprächsregeln können z. B. vereinbart werden:
- Die Beiträge im Gespräch werden in „Ich-Form" geäußert, wobei Verallgemeinerungen und Einordnungen vermieden werden sollten, also nicht „Jungen sind ...", sondern „ich finde Nils ist hier ...".
- Aussagen werden ernst genommen und nicht gleich bewertet und kritisiert, also nicht „das finde ich unmöglich oder das finde ich falsch ...", sondern „warum glaubst du das, wie kommst Du zu dieser Meinung?"
- Die andere bzw. den anderen ausreden lassen (nicht ins Wort fallen, unterbrechen oder nicht gleich eigene Kommentare dazu abgeben).
- Der anderen bzw. dem anderen zuhören.

Folgende bereits oben genannten Fragen zu Selbstreflexion können ein Einstieg sein:
- Was mag ich an Mädchen? Was mag ich nicht?
- Was mag ich an Jungen, was nicht?

Die Erzieherinnen und Erzieher schreiben ihre Antworten auf Karteikarten (möglichst groß und leserlich). Eine das Gespräch moderierende Erzieherin heftet die Karteikarten auf ein Plakat unter die jeweiligen Fragen. Danach wird über die Antworten diskutiert. Auch die vorab genannten Fragen zur eigenen Kindheit als Mädchen bzw. als Junge oder zum eigenen Verhalten Mädchen bzw. Jungen gegenüber können gut zuerst als Einzelarbeit zur Reflexion und anschließend in der Gruppe näher betrachtet und diskutiert werden.

### Aufgabenverteilung und Zusammenarbeit

In Teams, in denen Erzieherinnen und Erzieher zusammenarbeiten, ist es wichtig zu betrachten, wer welche Aufgaben übernimmt und wie die Zusammenarbeit aussieht:
- Gibt es Aufgaben, die vorwiegend die Erzieherinnen übernehmen? Wenn ja, welche? Gibt es Aufgaben die vorwiegend die bzw. der Erzieher übernimmt? Wenn ja, welche? (Bewegungsspiele, kreative Spiele, Tisch decken, aufräumen, reparieren, Ausflüge machen, Elternarbeit, Öffentlichkeitsarbeit, politisches Engagement, z. B. Gremienarbeit).
- Gibt es spezifische Rollen der Erzieherinnen oder der Erzieher (eher fürsorglich, tröstend oder eher strenger, Grenzen setzend und für die Einhaltung der Regeln sorgend oder eher spielerisch)? Gibt es in der Zusammenarbeit Rollen- bzw. Aufgabenaufteilungen zwischen Erzieherinnen und Erziehern? Wer setzt z. B. seine bzw. ihre Meinung eher durch?

- Über welche Fragen bzw. Probleme wird nicht gesprochen? Was sind „heiße" Eisen?
- Wer ist mit der gegebenen Arbeitsteilung eher zufrieden und wer nicht?
- Wie können wir individuelle Fähigkeiten und besondere Talente in der alltäglichen Arbeit nutzen?
- Wie können wir uns als KollegInnen unterstützen?

Folgende Fragen zur Teamreflexion können zur gegenseitigen Unterstützung in der geschlechtsbewussten Pädagogik führen:
- Wie können wir uns unterstützen in Auseinandersetzungen mit der Leitung, dem Träger, mit Eltern, mit anderen ErzieherInnen aus der Einrichtung?
- Wie können wir uns gemeinsam einsetzen für bessere Arbeitsbedingungen und welche politischen Strategien gibt es? Wo können wir uns Unterstützung holen?
- Welche Einrichtungen arbeiten auch geschlechtsbewusst? Mit welchen Einrichtungen der Kinder-, aber auch der Jugendarbeit oder der Schule, der Aus- und Weiterbildung können wir kooperieren? Welche Einrichtungen können uns in unserer Arbeit unterstützen?
- Welche finanziellen Unterstützungsmöglichkeiten gibt es? Wo gibt es öffentliche Unterstützung und Aufmerksamkeit?

Die Teamgespräche sollten jeweils mit einer Feedback-Runde abgeschlossen werden, z. B.: Wie ging es mir mit dem heutigen Thema? Welche neuen Erfahrungen habe ich gemacht? Was war gut? Was hat mich geärgert? Womit möchte ich mich vertieft auseinander setzen?

## 5.2 Zweiter Baustein: Beobachtung und Veränderung des Alltags

In der geschlechtsbewussten Pädagogik geht es zuerst einmal darum, „die Kinder dort abzuholen, wo sie sind", nämlich in ihrer Lebenswelt und in ihrem Alltag. Wie aber sieht der Alltag der Mädchen und Jungen in ihrem häuslichen Umfeld und in der Einrichtung aus? Um zu wissen, was verändert werden soll, müssen PädagogInnen zuerst einmal die Lebensbedingungen und die Geschlechterverhältnisse in der Einrichtung und der eigenen Gruppe kennen, bewusst wahrnehmen und verstehen. Folgende Fragen können hier hilfreich sein:

### Wie sehen die Lebensbedingungen der Kinder aus?[14]

- Alter des Kindes, Geschlecht, ethnische Herkunft, Armut oder Reichtum, Behinderung
- Mit wem lebt das Kind (Vater, Mutter, andere erwachsene Personen, Geschwister etc.)?
- Wer holt das Kind aus der Einrichtig ab? Wer ist primäre Bezugs- und Erziehungsperson (männlich oder weiblich)?
- Wohnumfeld des Kindes (Stadt, Stadtrand, Land, Bebauung, Grünflächen, privilegierte oder benachteiligte Wohngegend)
- Kontakt mit anderen Kindern
- Kontakt mit älteren Menschen

### Inwieweit sind die Räume geschlechtstypisch differenziert?

- Welche Raumteile bieten vorrangig geschlechtstypische Spielmöglichkeiten (Bauecke bzw. Bauteppich, Puppenecke)?

---

[14] Vgl. auch die Hilfsmittel zur Situationsanalyse bei Colberg-Schrader, Krug 1999, S. 44.

- Wie viel Raum beanspruchen die Jungen und wie viel die Mädchen?
- Welche Räume werden überwiegend von Jungen und welche von Mädchen genutzt? Werden Mädchen dabei von Jungen aus Bereichen gedrängt, werden Jungen von Mädchen aus bestimmten Bereichen gedrängt?
- Wo spielen Mädchen und Jungen gemeinsam?

### Wie sehen die Angebote und Spiele aus?[15]

- Wie mädchen- bzw. jungentypisch ist das Spielzeug?
- Werden Mädchen durch das Spielzeug vorwiegend zu Spielen angeregt, die einfühlsames, soziales und auf Kindererziehung und Haushaltsführung ausgerichtetes Verhalten fördern?
- Werden Jungen durch das Spielzeug vor allem zu Technikinteresse und selbstständiger Auseinandersetzung mit der Welt und zu Selbstbehauptung angeregt?
- Werden die Spielinteressen von Mädchen und Jungen wahrgenommen, auch wenn ich diese als Erzieherin oder Erzieher nicht mag oder für pädagogisch nicht wertvoll halte?
- Welche Medienerfahrungen bauen die Kinder in ihre Spiele ein? Greifen sie dabei auf Männlichkeits- oder Weiblichkeitsbilder aus Medien zurück oder auf reale Vorbilder zu Hause oder im Umfeld? Welche Männerbilder bzw. welche Frauenbilder probieren die Kinder jeweils aus?
- Verlängern die vorhandenen Kinderbücher Geschlechterstereotype oder variieren sie die Geschlechterverhältnisse? Gibt es beispielsweise in den Kinderbüchern auch Abenteue-

---

[15] Vgl. dazu auch die Forschungsergebnisse zur Sozialisation in Kindertageseinrichtungen im dritten Kapitel des Buches.

rinnen und Heldinnen oder Jungen und Männer, die von Frauen gerettet werden?
- Welche Spiele sprechen nur Mädchen an und welche und wie viele nur Jungen?
- Welche und wie viele Angebote sprechen sowohl Mädchen als auch Jungen an?
- Welchen Stellenwert haben Angebote wie Technikspielzeug, naturwissenschaftliche Angebote oder körperorientierte Angebote? An wen richten sich diese? Wird raumnehmendes körperliches Ausprobieren und ebenso körperlich-leibliches Wahrnehmen gefördert?

## Durchführung von Beobachtungsreihen

Auch eine genauere Beobachtung einzelner Themen und einzelner Kinder oder Gruppen von Kindern ist aufschlussreich. Dazu werden so genannte Beobachtungsreihen angelegt, in denen entweder eine alltägliche Situation (z. B. am Mittagstisch, Spielsituationen) oder ein Kind im Mittelpunkt der Beobachtung steht oder über einen längeren Zeitraum erneut beobachtet wird.[16]

Bei der Durchführung von Beobachtungsreihen ist es wichtig, dass die Beobachtung immer zur gleichen Zeit (ca. jeweils 10–15 Minuten) und in derselben Situation erfolgt und sich die BeobachterIn nur auf diese Aufgabe konzentrieren kann. Dazu werden kleine Zettel mit den Namen der Kinder angefertigt und jeden Tag zieht eine Kollegin bzw. ein Kollege einen

---

[16] Diese Beobachtungsreihen sind der Untersuchung zur Situation von Mädchen im Hort und zur Konzeptentwicklung von Mädchenarbeit im Hort von Klees-Möller 1998, S. 77–79 entnommen und von mir für die geschlechtsbewusste Pädagogik mit Mädchen und Jungen im Kindergarten leicht variiert und erweitert worden.

Namenszettel. Dieses Kind wird dann unter Beachtung der unten genannten Fragen in der jeweiligen Situation beobachtet. Das beobachtete Kind sollte nicht wissen, dass es im Mittelpunkt der Aufmerksamkeit steht.

Bei der Durchführung der Beobachtung wird nur das aufgeschrieben, was die Beobachterin sieht und hört. Wertungen sind zu vermeiden. Also nicht: Sabrina ist wieder zickig. Sie will die Pokemon Spielfiguren nicht abgeben; oder: Nils und Kevin sind wieder wild, sie toben durch den Raum. Besser ist: Sabrina hält die Pokemon Figuren mit beiden Händen fest, während Sarah daran zieht. Und: Nils und Kevin rennen durch den Raum und werfen dabei einen Karton mit Stiften um usw.

Folgende Situationen können beispielsweise beobachtet werden:

### Beobachtungssituation: Im Spiel

- Wer spielt mit wem? Was wird gespielt? Wo wird gespielt? Wie viel Platz nimmt das Spiel ein? Was wird gesagt bzw. getan?

Bei der gemeinsamen Auswertung können folgende Auswertungsfragen genutzt werden:
- Spielen Mädchen mit Mädchen bzw. Jungen mit Jungen? Handelt es sich um gemeinsame Spiele von Mädchen und Jungen? Worum geht es in den Spielen? Welche Fähigkeiten werden dazu gebraucht und welche Ressourcen dadurch angeregt? Dominieren bestimmte Kinder, welche und wodurch? Wie viel Platz nehmen die Gruppen ein?
- Wird Männlichkeit bzw. Weiblichkeit oder das Geschlechterverhältnis inszeniert? Wie, wann und wodurch? Wird es „typisch" gespielt oder wird es variiert und verändert? Wer ist bei Angeboten der Erzieherin bzw. des Erziehers konzentriert

bei der Sache? Wer muss ermahnt werden? Wer verliert die Lust? Bei welchen Angeboten tritt dieses Verhalten am häufigsten auf (z. B. beim Basteln, bei Bewegungsspielen, Vorlesen, Malen)? Wer hilft der ErzieherIn bei der Organisation?
- Wie reagieren Mädchen und Jungen in Konflikten? Wer schreit schnell? Wer setzt seine/ihre Körperkraft ein? Wer streitet mit Worten? Wer gibt schneller auf? Wer ist beleidigt? Wer versucht zu schlichten? Wer holt sich Hilfe bei der Erzieherin oder bei dem Erzieher?
- Wie bzw. in welchen Situationen werden soziale Praktiken der Geschlechterunterscheidung erprobt?

Die gemeinsame Auswertung und Diskussion dient dazu, sichtbar werdendes geschlechtsstereotypes Verhalten, Inszenierungen von Mädchen-Sein und Junge-Sein und von Geschlechterverhältnissen zu erkennen, nach Gründen und nach Veränderungsmöglichkeiten zu suchen. Und es hilft dabei, Variationen in der Darstellung von Mädchen- und Junge-Sein sowie im Verhältnis von Mädchen und Jungen wahrzunehmen. Auch die Beziehungen unter Mädchen und unter Jungen und die sichtbar werdenden Dominanzen in den jeweiligen Gruppen (z. B. zwischen Mädchen und Jungen, aber auch zwischen Mädchen deutscher und anderer Herkunft, zwischen ökonomisch privilegierten und benachteiligten Mädchen oder die Rangordnungen unter Mädchen und unter Jungen) können hier sichtbar gemacht und Veränderungsansätze entwickelt werden.

### Beobachtungssituation: Gruppenraumnutzung

Zur Beobachtung der Raumnutzung wird eine Skizze der Einrichtung gemacht, auf der die einzelnen Räume und der Außenbereich eingezeichnet werden. Diese wird fotokopiert und immer zur gleichen Zeit wird beobachtet, wo sich die Kinder jeweils befinden. Dazu werden die Namen der Kinder in die jeweiligen Räume eingetragen und angegeben, womit sie gerade beschäftigt sind.

Bei der gemeinsamen Auswertung können ähnliche Fragen wie bei der Beobachtung der Spielsituationen leitend sein. Darüber hinaus kann die Diskussion um die Frage erweitert werden, durch welche Gestaltungsmöglichkeiten und Spielelemente usw. geschlechtstypisches, geschlechtsuntypisches Verhalten bzw. Verhaltensweisen und Fähigkeiten jenseits dieser Einordnungen gefördert wird.

Diese detaillierte Beobachtung, bei der auf Wertungen verzichtet wird, sensibilisiert nicht nur für die Geschlechterverhältnisse und für Bevorzugungen und Benachteiligungen, sondern auch für die individuellen Interessen und Fähigkeiten der einzelnen Kinder. Sie können zu pädagogischen Veränderungsansätzen für die gesamte Einrichtung, für einzelne Gruppen der Kinder (z. B. Jungen türkischer Herkunft) oder für einzelne Kinder genutzt werden, um deren Wünsche, besondere Fähigkeiten oder Probleme und Grenzen zu beachten.

**Wie können neue Erfahrungen ermöglicht werden?**

Als Pädagogin oder Pädagoge kann ich
- für Spielzeug und Bücher sorgen, die Geschlechterstereotype meiden;
- Mädchen beachten und sie auch anregen, sich Raum zu nehmen, sich körperlich auszutoben, mit technischen Geräten, z. B. mit dem Computer, umzugehen, ihre Wünsche zu äußern;
- Jungen dabei unterstützen, auch ihre Ängste und Kleinheitsgefühle zu zeigen, ihnen Grenzen setzen, wenn sie sich abfällig gegenüber Mädchen äußern oder Mädchen zurück-

drängen, sie fördern in ihren kreativen und musischen Fähigkeiten, ihre Körperwahrnehmung sensibilisieren, sie fördern, soziale Verantwortung zu übernehmen, sich in andere einzufühlen und fürsorglich zu sein;
- Mädchen und Jungen anregen zu spüren, was sie jeweils fühlen, z. B. durch Körperreisen oder Stimmungsbarometer: „Bei mir ist es heute stürmisch oder sonnig oder es regnet bei mir." Ich kann Bilder von Gesichtern oder Personen mit unterschiedlichen Gefühlsausdrücken anbieten und die Kinder eines aussuchen lassen, das ihrer Stimmung entspricht. Hierbei gilt es, auch Mädchenbilder auszusuchen, die u. a. Wut und Jungenbilder, die u. a. Traurigkeit ausdrücken;
- mit den Kindern „verkehrte Welt" spielen: An einem Tag spielen die Kinder die Erwachsenen und die Erwachsenen die Kinder, an einem anderen spielen die Mädchen die Jungen und die Jungen die Mädchen,[17] und dann mit den Kindern reflektiere, wie das war, was gut, was „blöd" daran war.

Gegenstand von Veränderungsansätzen sollte auch das eigene Verhalten sein.
- Inwieweit bin ich als Erzieherin bereit, so genannte männertypische Tätigkeiten zu übernehmen? Z. B. indem ich mit den Kindern Fußball spiele, notwendige Reparaturen übernehme oder mit Computer oder Digitalkamera umgehe.
- Inwieweit bin ich als Erzieher bereit, so genannte frauentypische Tätigkeiten zu übernehmen? Z. B. indem ich Tische decke, backe, spüle, tröste, für Harmonie sorge, Beziehungen herstelle, für ein gutes „Klima" sorge.

Eine weitere wichtige Frage ist es, wie man als Team Väter und Mütter aktivieren kann. Möglichkeiten dafür können sein:

---

[17] Vgl. auch Kasüschke 2/2001, S. 11.

- Einladung der Väter bzw. einer männlichen Bezugsperson zu einem Vater-Kind-Nachmittag in der Einrichtung, an dem es vorwiegend um Begegnung geht,[18]
- Einladung der Mütter bzw. einer weiblichen Bezugsperson zu einem Mutter-Kind-Nachmittag, an dem es um Computerspiele geht.

Nochmals: Es geht nicht darum, dass Frauen jetzt die so genannten männertypischen Verhaltensweisen übernehmen und Männer die so genannten frauentypischen. Ziel ist es, geschlechtsrollenspezifische Einschränkungen zu vermeiden, das Spektrum von Handlungsmöglichkeiten und Seinsweisen zu erweitern und sozialen Problemen vorzubeugen. Daher werden Kindern verschiedene Seinsweisen als Mädchen und Junge eröffnet, damit sie eigene Wünsche und Gefühle nicht zurückdrängen müssen. Denn geschlechtsbewusste Pädagogik will Mädchen und Jungen ihren Bedürfnissen und Fähigkeiten entsprechend fördern und Einschränkungen und Benachteiligungen verhindern. Es geht um starke Mädchen und um starke Jungs.

### Eigene Räume für Mädchen und Jungen

Um neue Erfahrungen zu machen, wirken eigene Räume für Mädchen und eigene Räume für Jungen ebenfalls unterstützend. In zeitweise eingerichteten Mädchengruppen und Jungengruppen sind Mädchen und Jungen eher in der Lage, sich mit der eigenen Person und mit anderen und deren Besonderheiten und Unterschieden auseinander zu setzen. In diesen Gruppen ist es einfacher, sich von den restriktiven Rollenzuweisungen für Mädchen und Jungen zu lösen, individuelle Fähigkeiten

---

[18] Vgl. auch Höyng 2001, S. 80.

und Interessen zu zeigen, zu erproben und zu erweitern. „Neues" kann hier ausprobiert werden. Durch diese Erweiterung kann das einzelne Kind erkennen, was es gut kann oder was es gerne möchte. „Mädchen machen die Erfahrung, dass sie und andere Mädchen und Frauen bedeutsam sind, etwas können, sich wechselseitig etwas zu bieten haben, dass sie stark, schätzens- und liebenswert sind."[19] Geschlechtsgetrennte Mädchen- und Jungengruppen sind Sozialisationsräume, die Spielräume für Probehandeln ebenso ermöglichen wie die Erfahrung von Gleichheit und Differenz auch innerhalb der eigenen Geschlechtergruppe.

## 5.3 Dritter Baustein: Beteiligung von Mädchen und Jungen

Eine Grundlage geschlechtsbewusster Pädagogik ist es, pädagogische Angebote nicht nur *für* Mädchen und Jungen, sondern auch *mit* ihnen zusammen zu entwickeln. Partizipation meint dabei mehr als Mitbestimmung nach Mehrheiten und Meinungsabfragen. Grundlegend ist es, mit den Mädchen und Jungen in einen Dialog zu treten. Es geht darum:
- sich in die Kinder hinein zu versetzen, sie verstehen zu wollen, ihnen zuzuhören;
- ihre lebensweltlich geprägten Ausdrucksformen und -möglichkeiten zu berücksichtigen;
- Lust an der Auseinandersetzung über Ziele und Vorgehensweisen mit den Kindern zu entwickeln und das auch praktisch umzusetzen.

---

[19] Klees-Möller 1998, S. 33.

Partizipation ist keine spezifische Methode, sondern ein demokratisches Prinzip und eine Haltung, die auf der Wahrnehmung und Wertschätzung des Anderen sowie auf Achtung und Respekt beruht. Kinder lernen dadurch:
- dass sie unterschiedlich sind und unterschiedliche Wünsche und Interessen haben,
- sich in andere hinein zu versetzen und sich mit anderen auseinander zu setzen,
- eigenes Erleben auszudrücken und Wünsche und Bedürfnisse zu äußern,
- dass Streiten wichtig ist und Kompromisse gefunden werden müssen,
- was es heißt, wenn viele Kinder etwas gemeinsam erreichen und wie wichtig Bündnisse mit anderen sind und vor allem auch,
- dass sie durch aktive Einmischung Einfluss nehmen können und ihr Handeln eine Wirkung hat.

Kinder lernen durch Beteiligung, solidarisch zu sein, zu kooperieren, tolerant zu sein und Verantwortung zu übernehmen und sie gewinnen Selbstsicherheit. Vor allem bei Mädchen entwickeln sich Selbstbewusstsein und Selbstsicherheit über den Weg der Selbstbestimmung (z. B. ihres Tagesablaufs, ihrer Spielwünsche, der Raumaufteilung).[20]

Wie kann Beteiligung von Mädchen und Jungen konkret im Alltag in der eigenen Einrichtung aussehen und was ist dabei zu beachten?

---

[20] Vgl. Klees-Möller 1998, S. 83.

## Modellfunktion der Erwachsenen

Wichtig ist, dass Kinder auch im Verhalten der Erwachsenen in der Einrichtung demokratisches Verhalten erleben. Der Dialog der Erwachsenen innerhalb des Teams, die Entscheidungsfindungsprozesse und der Umgang mit unterschiedlichen Meinungen spielen dabei eine große Rolle.

## Unterschiedliche Ausdrucksformen berücksichtigen

Um (gleiche) Beteiligungschancen zu ermöglichen, ist es wichtig, Formen der Partizipation zu entwickeln, die den einzelnen Kindern in der Gruppe, ihrem Entwicklungsstand, ihren Lebenswelten und ihren unterschiedlichen Ausdrucksformen und -möglichkeiten entsprechen.[21] Denn diese unterscheiden sich nicht nur individuell oder nach Entwicklungsstand des Kindes, sondern auch aufgrund unterschiedlicher Lebenswelten. Die Ausdrucksformen und -möglichkeiten sind daher nicht nur alters-, sondern auch schicht-, geschlechts- und kulturspezifisch beeinflusst.

## Geschlechtsbewusste Beteiligungsformen

Erfahrungen mit unterschiedlichen Beteiligungsverfahren haben gezeigt, dass beispielsweise in gemischtgeschlechtlichen Gruppen die Gefahr der Dominanz von Jungen besteht. „Je stärker sich Beteiligung öffentlich abspielt, desto schwerer können sich

---

[21] Der von Oskar Negt und Alexander Kluge (1992) geprägte Begriff des Ausdrucksvermögens verweist auf alters-, schicht-, geschlechts- und nationalitätenspezifische Unterschiede in Teilhabemöglichkeiten und Voraussetzungen für Partizipationsverfahren, auf unterschiedliche lebensweltliche Artikulationsformen und Wissensbestände. Vgl. Bitzan 1999, S. 105.

Mädchen artikulieren, (sie) sind es eher als Jungen gewohnt, sich Spielnischen zu suchen."[22] Die Praxiserfahrungen zeigen, dass Jungen die Durchsetzung eigener Interessen einfordern und Mädchen sich eher mit dem Vorhandenen zufrieden geben. Sie äußern ihre Interessen nicht, weil sie bereits häufig die Erfahrung gemacht haben, aus interessanten und beliebten Bereichen von Jungen herausgedrängt zu werden. Ein Beispiel aus dem Hortalltag:[23]

> Die Jungen im Hort beschweren sich, dass die Angebote an den Nachmittagen sie langweilen. Daher schlagen sie vor, eine Fußballmannschaft zu gründen und gegen benachbarte Einrichtungen zu spielen. Der Erzieher übernimmt die Organisation. Da die Mädchen sich nicht beschweren, liegt die Annahme nahe, dass sie zufrieden sind. Erst durch Beobachtung einer Kollegin, die gezielt nachfragt, kommt zu Tage, dass die Mädchen gerne häufiger schwimmen gehen oder kleinere Ausflüge mit dem Fahrrad machen würden.

Gerade wenn ältere Mädchen gefragt werden, was sie wollen, äußern sie häufig das, was sie kennen und was von ihnen erwartet wird. Die praktischen Erfahrungen in der Mädchenarbeit zeigen, dass für die Beteiligung von Mädchen Formen entwickelt werden müssen, die es Mädchen ermöglichen mitzuplanen, sich auszudrücken und Neues zu erfinden. Das heißt, dass erst einmal ein Raum geschaffen und (methodische) Hilfestellungen geboten werden müssen, damit anderes Denken und andere Wahrnehmungen zur Geltung kommen können. Unterschiedliche Untersuchungsergebnisse verweisen eindeutig darauf, dass Bedürfnisse und Erlebenswelten erst dann artikulier-

---

[22] Knauer; Brandt 1998 zit. nach Kasüschke 7/8 2001, S. 36.
[23] Vgl. ebd.

bar werden, wenn auch andere Erfahrungen gemacht werden konnten. Nur so ist es möglich, an verdeckte oder sogar tabuisierte Wünsche heranzukommen.

Beteiligung setzt daher voraus, entweder zeitweise mit Mädchengruppen und Jungengruppen getrennt zu arbeiten oder die Arbeit koedukativ zu gestalten, das heißt in der gemischtgeschlechtlichen Gruppe geschlechtssensibel und reflektierend zu arbeiten. Vor der Entwicklung von Beteiligungsformen ist es daher wichtig, die Gruppe der Kinder zu beobachten.

In selbst organisierten Spielgruppen verlaufen Entscheidungsprozesse häufig über körperliche Stärke und das Ansehen in der Gruppe. Kleinere Kinder vertreten oft unkritisch die Ansichten und Verhaltensweisen der Größeren. Daher sind Aushandlungsprozesse in solchen Situationen weniger angemessen. Je jünger die Kinder sind, desto mehr müssen Beteiligungsformen gefunden werden, die auf gemeinsamem Handeln im Spiel oder in Alltagssituationen beruhen.[24]

### Beteiligung durch Veränderungen von Alltagssituationen

- Eine Möglichkeit, bereits kleinere Kinder zu beteiligen, besteht darin, mit den Kindern gemeinsam Aufgaben zu verteilen. Zu beachten sind hierbei das Prinzip Freiwilligkeit, die unterschiedlichen Fähigkeiten sowie die Veranschaulichung des Sinns der Aufgaben.[25] Und selbst wenn sich Kinder für Aufgaben entscheiden, die sie wahrscheinlich nicht erfüllen können, sollte die Erzieherin bzw. der Erzieher ihnen die Erfahrung ermöglichen. Durch Aufgaben wie Tisch abwischen, Teller wegräumen, für Kassetten bzw. CDs zuständig zu sein,

---

[24] Vgl. Kasüschke 7/8 2001, S. 36.
[25] Vgl. Klein, Vogt 1998.

den Computer ein- bzw. auszuschalten oder je nach Alter auch Benutzer- und Reparaturbücher zu führen, können Mädchen und Jungen eine gleichwertige und auch geschlechtsuntypische Verteilung von Tätigkeiten erleben. Und bereits kleinere Kinder lernen, Verantwortung zu übernehmen.
- Auch in die Raumgestaltung können die Vorstellungen, Bedürfnisse und Interessen der Kinder einbezogen werden. So lassen sich zum Beispiel die Funktionsecken und Gruppenräume verändern oder die Gruppen öffnen. Außerdem ist es sinnvoll zu überlegen, wie frei sich die Kinder in der Einrichtung bewegen können. Um nicht ständig um Erlaubnis fragen zu müssen, „... können beispielsweise so genannte Abmeldetafeln eingeführt werden. Sie sind mit eindeutigen Symbolen versehen und helfen Kindern, eigenverantwortlich die eigene Zeit zu organisieren, und dem Erwachsenen zeigen sie, wo sich das Kind gerade aufhält."[26]
- Im Team sollte zudem reflektiert werden, welche Regeln und Hierarchien die Beteiligung von Kindern erschweren oder verhindern, indem bestimmte Spiele (z. B. die vor allem bei Jungen beliebten Pokemon Spielfiguren oder die bei einigen Mädchen beliebten Barbiepuppen) ausgeklammert werden, weil sie nicht ins pädagogische Konzept passen oder nicht als interessant empfunden werden. Hier ist es sinnvoller, sich gemeinsam mit den Kindern über diese Spiele und deren subjektiven Sinn auseinander zu setzen und die Spielprozesse aufmerksam zu begleiten, anstatt die Wünsche zu missachten und einfach Verbote auszusprechen.[27]
- Untersuchungsergebnisse zeigen sehr eindeutig, dass Mädchen in öffentlichen und politischen Räumen seltener zu fin-

---
[26] Kasüschke 7/8 2001, S. 38; auch Klees-Möller 1998, S. 101.
[27] Vgl. Musiol 2000, zit. nach Faulstich-Wieland 2001, S. 125.

den sind als Jungen.[28] Aus diesem Grund ist es sinnvoll, insbesondere Mädchen zu ermutigen, sich öffentliche Orte und damit auch neue Beteiligungsformen zu erschließen. Das kann eine Stadtrallye sein oder der Besuch des Rathauses der Stadt bzw. des Bezirks, vielleicht auch verbunden mit einer Kinderanhörung. Ältere Mädchen können eine „Hort-Zeitung" machen oder die Internet-Seite der Einrichtung mitgestalten. Dies unterstützt Mädchen nicht nur darin, sich den öffentlichen und politischen Raum zu „erobern", sondern führt auch dazu, dass sie von Erwachsenen stärker wahrgenommen werden.

- Damit die Kindertageseinrichtung nicht eine weitere „Insel"[29] im Leben der Kinder ist, besteht eine Chance darin, die Kinder ihre „Welten" verbinden zu lassen, indem die Einrichtung offen ist für Familienangehörige und Freunde und Freundinnen der Kinder.

## Kinderkonferenzen

Um den Alltag in der Einrichtung mitgestalten zu können, brauchen Kinder einen Raum, wo sie ihre Wünsche und Bedürfnisse ausdrücken können. Die aus der Freinet-Pädagogik abgeleiteten Kinderkonferenzen sind hierfür eine Möglichkeit. Grundlegend ist, dass diese freiwillig, zeitlich begrenzt, altersangemessen, geschlechts- und kulturbewusst und somit den Lebenswelten der Kinder in der Gruppe angemessen angelegt sind. In den Ausfüh-

---

[28] Vgl. u. a. Flade, Kustor 1996, Rose 1995, S. 65–97; differenziert zeigt Nissen die unterschiedlichen nach Geschlecht differenzierten empirischen Untersuchungsergebnisse zum Aufenthalt in öffentlichen Räumen 1998; S.179ff. Anregungen zu einer gemeinwesenorientierten und geschlechterdifferenzierten Kinder- und Jugendarbeit finden sich bei Heinemann 1998, S. 33–41.
[29] Vgl. u. a. Zeiher 1996.

rungen zu Erfahrungen und Ergebnissen des Modellprojekts zu Mädchen im Hort finden sich sehr anschauliche und ausführliche Praxisanregungen zum Thema Kinderkonferenzen, auf die ich mich im Folgenden beziehen werde.[30]

### Einführung

Wesentlich für den Beginn ist es, einen konkreten Raum, z. B. Sitzkreis auf Stühlen oder Kissen, und die Dauer der Konferenzen zu bestimmen sowie die Kinder über Sinn und Regeln der Konferenzen zu informieren. Ein Beispiel zur Gestaltung der Einführung[31]:

> Nach dem Mittagessen setzen sich die Kinder und die ErzieherInnen in einen Kreis. Eine Erzieherin, die auch die Moderation der Runde übernimmt, stellt die Idee „Kindergesprächskreis" vor. Ziel dieser Runde ist es, dass sich die Mädchen und Jungen gegenseitig und auch den ErzieherInnen ihre Wünsche, Ideen, ihren Ärger, ihre Konflikte und ihre Vorschläge mitteilen können. Die Erzieherin legt eine große Uhr in die Mitte und erklärt, dass für jede Sitzung 15 Minuten eingeplant werden. Mehrfach weist sie darauf hin, dass jedes Mädchen und jeder Junge „alles" sagen kann, wenn die Moderatorin dem Kind das Wort erteilt hat. Außerdem erklärt sie, dass später auch Kinder die Aufgabe der Moderation übernehmen können. Dann steigt sie in das Thema ein.

Eine positive Einstellung der Kinder zur Sitzung kann vor allem auch durch *rechtzeitiges Ankündigen* (Tag und Uhrzeit sollten

---
[30] Klees-Möller 1998, S. 83–93.
[31] Vgl. ebd., S. 84–85.

die Kinder in einer der ersten Konferenzen festlegen) hervorgerufen werden.

## Durchführung

Bei der Durchführung von Kinderkonferenzen ist es wichtig darauf zu achten, dass die Kinder bei ihren Themen bleiben. Ein Beispiel:

> Die Erzieherin führt z. B. folgendermaßen in die Runde ein: „Wir werden besprechen, was wir in der Gruppe nächste Woche nachmittags machen können." Oder: „Wir diskutieren heute über folgende Regeln." Oder: „Was stört mich, was ärgert mich, was möchte ich verändern?

Die Erzieherin hält sich mit ihrer Meinung eher zurück, stellt weitergehende Fragen, achtet darauf, dass nicht dazwischen geredet, nicht gewertet und keine Monologe gehalten werden. Für Kinder und ErzieherInnen gelten dieselben Regeln. Besonders wichtig ist, dass die Erzieherin bzw. der Erzieher immer wieder deutlich macht, dass jede Meinung und jeder Vorschlag wichtig ist. Zwischenzeitlich fasst die Erzieherin den Diskussionsstand der Kinder zusammen und bringt die Kinder zu Konsensfindungsprozessen oder Abstimmungen. Dazu schlägt sie zwischenzeitlich kurze Runden vor, in denen sie jedes Kind nach seiner Meinung fragt.

Am Ende der Konferenz fasst die Erzieherin die Ergebnisse der Gruppe zusammen, die dann auf einem Plakat notiert werden. Dabei sollten die ErzieherInnen darauf achten, dass die Entscheidungen der Gruppe umgesetzt werden und dass die Kinder dafür Verantwortung übernehmen. So können sie die Erfahrung machen, dass ihre Beschlüsse auch Auswirkungen haben. Darüber hinaus sollten die Kinder ermutigt werden, selber Konferenzen einzufordern, wenn sie ihre Themen zur Debatte stellen wollen. Geschlechtsbewusst sind Kinderkonferenzen erst dann, wenn die Moderatorin sicherstellt, dass auch Mädchen gleichermaßen zu Wort kommen, nicht abgewertet und von allen gehört werden.

> Sabine, ein jüngeres und stilles Mädchen, hat einen Vorschlag gemacht, der von den anderen Kindern wenig berücksichtigt wurde. Die Moderatorin verschafft dem Vorschlag des Mädchens Gehör, indem sie klärende Nachfragen stellt, wie zum Beispiel: „Du meinst also ...?" oder indem sie wesentliche Beiträge noch einmal für die Gesamtgruppe wiederholt, wie zum Beispiel: „Habt ihr gehört? Sabine hat den Vorschlag gemacht ... Was haltet ihr davon?" Dieses besondere Eingehen auf die Beiträge der Mädchen (oder auch der stilleren, unauffälligeren Jungen) und das Unterstützen durch Wiederholen und durch Hervorhebung macht die Mädchen als Mitgestalterinnen der Einrichtung sichtbarer und unterstützt sie, sich einzumischen und zu beteiligen. Wenn Mädchen oder auch Jungen sich nicht gleich aktiv am Gespräch beteiligen, kann dies durch eine Runde, in der jede und jeder einen Vorschlag kommentieren oder etwas sagen soll, aufgelöst werden. Auch ein Kopfnicken oder -schütteln kann eine erste Form der Beteiligung sein.

Kinder werden durch Partizipation selbstbewusster, verantwortlicher und mutiger, sich sowohl für die eigenen Belange als auch für die anderer einzusetzen. Sie lernen Grundregeln der Gesprächsführung, wie z. B. aktiv zuzuhören. Sie lernen Konflikte auf konstruktive Art auszutragen, Regeln zu reflektieren und zu verändern, gruppenspezifische Angelegenheiten zu diskutieren und zu gestalten. Vor allem erkennen sie, dass jedes Gruppenmitglied Verantwortung für die Gesamtgruppe trägt. Dadurch wird sich nicht zuletzt die Atmosphäre in der Gruppe bzw. der Einrichtung verändern. Die Kinder müssen weniger motiviert werden und können sich besser selbst behaupten. Sie können direkter ausdrücken, was sie fühlen, was sie wünschen und wozu sie „nein" sagen. Alles Vorraussetzungen für „starke Mädchen und starke Jungs", die mit dem, was im Leben auch immer auf sie zukommen mag, umgehen können.

## 5.4 Vierter Baustein: Bewältigungsstrategien von Mädchen und Jungen erkennen und neue Erfahrungen ermöglichen

Innerhalb dieses vierten Bausteins werden verschiedene für die geschlechtsbewusste Pädagogik zentrale Themenkomplexe erläutert und einige Projekte, Aktionen und Spiele vorgestellt, die neue Erfahrungen ermöglichen und das Handlungsspektrum von Kindern erweitern. Dabei geht es insbesondere um Bereiche und Verhaltensweisen, die in unserer Gesellschaft geschlechtstypisch zugeordnet, zugeschrieben und auch von den Kindern erworben, produziert und variiert werden.

Da wir die soziale Kategorie Geschlecht häufig nicht mit in die Arbeit einbeziehen, verkennen wir manchmal problematische Verhaltensweisen, indem wir sie als „normal", geschlechtstypisch oder auch als eine Verweigerung der Anpassung an pädagogische Normen und Regeln interpretieren. Erst wenn wir das Verhalten von Kindern im Zusammenhang mit dem kulturellen System der Zweigeschlechtlichkeit analysieren, zeigt sich, dass manche Verhaltensweisen auch Strategien und Versuche der Bewältigung von Belastungsfaktoren widerspiegeln.

Folgende Themenkomplexe sind hier m.E. besonders relevant: der Umgang von Mädchen und Jungen mit Konflikten, mit Technik, mit dem eigenen Körper und dem Raum. Die im Folgenden beschriebenen Beispiele sind dabei als Anregungen zu verstehen, die offen und veränderbar sind. Sie müssen den jeweiligen Rahmenbedingungen und Lebenswelten der Mädchen und Jungen angepasst werden. Wesentlich ist es, die jeweiligen Praxisanregungen und Beispiele möglichst immer *situationsbezogen*, aus einem konkreten Anlass bzw. einer konkreten Situation heraus zu entwickeln.

### 5.4.1 Umgang mit Konflikten

Anlässe und Themen von Konflikten unter Kindern können sehr vielfältig sein. Konflikte beim Spiel, welche Regeln gelten, wer mitspielen darf, wie viel Platz und Raum beansprucht werden darf usw. Häufig haben die älteren Kinder oder jene mit dem größeren Ansehen in der Gruppe im Konfliktfall die größeren Chancen, ihre Anliegen durchzusetzen.

Die Untersuchungen und Befragungen von ErzieherInnen und auch von Mädchen und Jungen in Kindertageseinrichtungen machen deutlich, dass Jungen anders als Mädchen streiten.[32] Dabei unterscheiden sich sowohl die Anlässe (Ursachen) für Konflikte als auch die Art der Konfliktlösungsversuche (Ausdrucksformen) sowie die Konfliktverläufe. Im folgenden wird der Umgang von Mädchen und Jungen mit Konflikten und Aggressionen beschrieben. Im Anschluss daran werden Praxisanregungen vorgestellt.

---

[32] Vgl. u. a. Permien, Frank 1995, S. 74–94; Klees-Möller 1998, S. 55–58; Haug-Schnabel 1996; Aktionsforschungsprojekt Konfliktlösungsverhalten von Jungen und Mädchen in Kindertageseinrichtungen zit. nach Dieken, Rohrmann 11/12 2001, S. 33–34.

## Anlässe von Konflikten und Lösungsversuche

Jungen berichten in den Untersuchungen sehr viel häufiger über Konflikte als Mädchen. Meist geht es dabei um das Aushandeln von Rangordnung und Status.[33] Konflikte werden hier also stark über Hierarchisierungen, also durch Auf- und Abwertungen gelöst. Mädchen und Jungen sind sich weitgehend darin einig, dass Jungen sich mehr prügeln als Mädchen und ihre Konflikte durch körperliches Kräftemessen zu lösen versuchen. Körperliche Angriffe finden dabei zumeist unter Jungen statt. An zweiter Stelle möglicher Reaktionsweisen in Konflikten unter Jungen stehen Schimpfworte, zum Teil auch sexuell abwertender Natur.[34]

Über das Konfliktverhalten von Mädchen sind sich die Kinder weniger einig. Mädchen streiten zwar auch, aber weniger heftig und anders. Sie schildern weitaus häufiger als Jungen Konflikte mit Jungen und haben damit auch weitaus größere Probleme als mit den Konflikten untereinander. Überdies wurden in den Untersuchungen Beleidigungen, Abwertungen aufgrund ihres Mädchen-Seins, Übergriffe und Tätlichkeiten gegen Mädchen im Alltag der Einrichtungen festgestellt.[35] Mädchen sind häufiger Opfer körperlicher Angriffe durch Jungen als umgekehrt. Sie streiten eher verbal und verletzen andere über Kommentare und Kritikäußerungen.[36] Wenn Mädchen drohen, dann mit Verweigerung, zum Beispiel nicht mitzuhelfen oder etwas nicht herzugeben. Insgesamt ist ihr Umgang mit Konflikten eher „stiller" und mehr „nach innen gerichtet", d. h. vieles machen sie auch mit sich selbst ab (z. B. resignieren, weinen, versuchen

---

[33] Vgl. Permien; Frank 1995, S. 77.
[34] Die Untersuchungen wurden dabei vor allem im Hortbereich durchgeführt: u. a. Dieken; Rohrmann 11/12 2001, S. 31–32; Permien; Frank 1995, S. 76 ff.
[35] Vgl. u. a. Permien, Frank 1995, S. 78 ff.; Klees-Möller 1998, S. 55–58.
[36] Vgl. Haug-Schnabel 1996.

sich selbst zu ändern), während der von Jungen eher „nach außen gerichtet" ist (z. B. mit anderen prügeln, anderen Schimpfworte zu- und nachrufen).

## Konfliktverläufe

Betrachtet man jedoch die Verhaltensweisen in Mädchengruppen und Jungengruppen näher, so wird deutlich, dass die Kinder innerhalb ihrer Geschlechtergruppe jeweils individuell sehr unterschiedliche Umgangsweisen haben. So bemühen sich Mädchen häufiger, durch ein intensives Eingehen auf die Motive anderer eine Konfliktsituation zu entspannen. Mehrfach wurde auch beobachtet, dass sie sich für ihr Verhalten entschuldigen und nach Möglichkeiten suchen, sich mit den Kontrahentinnen zu einigen. Geben sie in einer Konfliktsituation nach, so versprechen sie sich im Gegenzug eine spätere „Belohnung" durch die beteiligte Person.[37] Bei den Jungen wurde häufiger konkurrentes und bestimmendes Verhalten beobachtet. Außerdem setzen sie eher Drohungen und Körperkraft als Mittel der Konfliktauseinandersetzung ein, aber auch unrealistische Argumentationen.[38]

In der gemischten Gruppe gehen die Konflikte vor allem von den Jungen aus, indem sie z. B. das Spiel stören oder durch „Ärgern" Kontakt zu den Mädchen aufnehmen. Die Untersuchung zeigt dabei sehr eindrücklich, dass Mädchen, die untereinander durchaus Selbstbewusstsein und Durchsetzungsfähigkeit zeigten, sich vor allem bei rücksichtslosen und „tätlichen" Verhaltensweisen von Jungen nicht behaupten konnten. Ihr erlernter Umgang mit Konflikten funktionierte hier nicht. So ist es nicht verwunderlich, dass sie dann auf Hilfe von den Erzieherinnen setzen.

---

[37] Klees-Möller 1998, S. 56.
[38] Vgl. ebd.

Verbale Strategien, wie z. B. Jungen „verpetzen" und Ähnliches werden ihnen als „weibliches" Verhalten untergeschoben.

> Tim betrachtet eine Weile, wie Sabrina schaukelt. Dann stößt er Sabrina zuerst in der Schaukel wild hin und her und schupst sie dann heraus. Daraufhin setzt sich Tim in die Schaukel. Sabrina bleibt vor der Schaukel stehen und schmollt. „Manno!", sagt sie mit trotziger Stimme. Anschließend geht sie zur Erzieherin und sagt: „Tim hat mich von der Schaukel geschubst. Ich war aber eher da."

Solche und ähnliche Alltagssituationen und Interaktionen zwischen Mädchen und Jungen werden häufig als als geschlechtstypisch betrachtet und nicht weiter beachtet. Auch ErzieherInnen verhalten sich häufig unsicher und abwartend und sehen weder die Möglichkeit noch die Notwendigkeit etwas zu verändern.[39]

Jungen wie Mädchen erleben dies in der Regel als eine implizite Bestätigung dieser Verhaltensweisen. Damit Jungen jedoch „handgreifliche" Verhaltensweisen und Konfliktlösungsversuche überdenken und in Frage stellen, ist es wichtig, ihnen hier Grenzen zu setzen und andere Möglichkeiten zu vermitteln, wie sie ihre Interessen einbringen können. Mädchen hingegen lernen bereits früh, in ihren Konflikten durch Worte und Appelle an die Einsicht der anderen zum Ziel zu kommen. Dieses Verhalten funktioniert jedoch nicht im Konflikt mit einem Jungen, der sich durch seine Körperkraft durchzusetzen versucht. Insofern ist es als ein Ansatz der Selbstbehauptung des Mädchens zu werten, sich bei der Erzieherin bzw. dem Erzieher durch „Anschwärzen" und „Verpetzen" Unterstützung zu holen.[40] Geschlechtsbewusste Pädagogik bedeutet hier, diesen

---

[39] Vgl. u. a. Permien, Frank 1995, S. 72 ff.; 90 ff., Klees-Möller 1998, S. 57.

Selbstbehauptungswillen zu erkennen, dem Mädchen jedoch auch andere Möglichkeiten zu vermitteln, wie es seine Interessen selbstständig vertreten kann. Für Mädchen ebenso wie für Jungen ist es hier wichtig, andere Konfliktlösungsstrategien zu erproben, die oben beschriebenen Kinderkonferenzen können der passende Rahmen dafür sein.

In einer Untersuchung wurde überdies deutlich, dass auch Erzieherinnen ein konstruktiver Umgang mit Konflikten aufgrund ihres Harmoniebedürfnisses häufig schwer fällt.[41] Bei diesem eher ‚konfliktfreien' Bild von Harmonie werden Differenzen, Konflikte und Aggressionen leicht als bedrohlich erlebt und „dürfen nicht sein". Harmonie erwächst jedoch „... aus überstandenen Konflikten und anerkannten Differenzen, nicht aus deren Abwesenheit."[42]

### Aggressionen

Aggressionen und das Streben nach Selbstbehauptung sind kein Jungenthema. Auch Mädchen haben Aggressionen, denn diese gehören zum menschlichen Gefühlsspektrum. Daher ist es wichtig, dass Mädchen ebenso wie Jungen lernen, ihre Aggression wahrzunehmen und diese „angemessen" auszudrücken, ohne anderen oder sich selbst dabei Gewalt anzutun. Gefühle und Bedürfnisse, vornehmlich wütend-aggressiver und fordernder Art, gelten jedoch in unserer Kultur eher als männlich. Sie werden daher bei Jungen weit eher toleriert als bei Mädchen. Teilweise werden bei Jungen sogar Ausdrucksformen von Aggression akzeptiert und damit gefördert, die Grenzüberschreitungen oder körperliche Gewalt gegen andere beinhalten. Eltern

---

[40] Vgl. ebd.
[41] Vgl. Dittrich, Dörfler 1998, S. 72.
[42] Ebd., zit. nach Kasüschke 10/2001, S. 33.

oder erwachsene Bezugspersonen sind sogar besorgt, wenn Jungen ihre Aggressionen nicht zeigen, indem sie sich gegen andere durchsetzen. Ein Beispiel:

> Als Frau K. ihren Sohn vom Kindergarten abholt, fragt sie die Erzieherin um Rat. Sie wolle natürlich auch, dass ihr Sohn zeigt, wenn er traurig ist, aber Kevin soll sich auch durchsetzen können und eben auch ein bisschen aggressiver sein. „Er könnte schon ein bisschen mehr ein Lausbub sein. Er ist eine richtige Heulsuse. Wie soll er denn später in der Schule klarkommen?"

Bei einer Tochter wäre dieses Verhalten wahrscheinlich nicht bzw. weniger als Problem betrachtet worden. Diese Formen des „doing gender" der Erwachsenen beinhalten zugleich, dass Jungen eher als „aggressiv" im Sinne von „schwierig" betrachtet werden.

Wenn Kinder ihre Aggressionen nicht direkt und „angemessen" auszudrücken lernen, verschwinden diese jedoch nicht, sondern zeigen sich in Formen, die weder für das Kind selbst noch für andere als Aggression erkennbar sind. Bei Mädchen, denen z. B. „ins Gewissen" geredet wurde, wenn sie ihre Wut deutlich zeigten, finden die eigenen Gefühle vielfach keinen Weg mehr von „innen nach außen". Aggressionen zeigen sich dann häufig in als weiblich anerkannten Formen wie z. B. in Tränen der Hilflosigkeit, später auch als Lästern oder „Schlecht-Machen" von anderen oder sie werden in Form von Selbstentwertung und selbstschädigenden Verhaltensweisen gegen sich selbst gerichtet.[43] Daher ist es die Aufgabe von Erwachsenen, die Versuche von Mädchen zu unterstützen, ihre Wut wahrzunehmen, sie ernst zu nehmen und zu zeigen, sich durchzusetzen, selbstbestimmt zu handeln und verschiedene Formen des

---

[43] Vgl. Focks 1993, S. 195–206.

Umgangs mit Konflikten zu erproben. Überdies müssen Mädchen ermutigt werden, ihre Wut wahrzunehmen und ernst zu nehmen. Und es ist sinnvoll, ihnen Möglichkeiten zu geben, sich im Kräftemessen zu erproben.

## Zusammenfassung

Für Kinder spielt das unterschiedliche Konfliktverhalten eine wesentliche Rolle für ihre Definition von „weiblich" und „männlich". Mädchen und Jungen zeigen damit, dass sie sich die in der Welt der Erwachsenen gültigen Bilder und Normen von Weiblichkeit und Männlichkeit aktiv angeeignet haben: das sind beispielsweise Einfühlsamkeit und Gruppenfähigkeit bei den Mädchen und Konkurrenzfähigkeit und Abgrenzung bei den Jungen.

Vielfach inszenieren und spielen die Kinder dabei „Männlichkeit" und „Weiblichkeit" durch ihr Konfliktverhalten oder bewältigen in diesen Rollen die unterschiedlichen Anforderungen und Belastungsfaktoren.

*„Mädchen und Jungen bilden in den geschlechtshomogenen Gruppen geschlechtstypische ‚Interaktionsstile' heraus, die sie an der Geschlechtergrenze erproben und variieren. (...) Mädchen und Jungen üben in ihrer sozialen Interaktion nicht nur Unterschiede im Sozialverhalten, sondern auch die in der Gesellschaft bestehende Ungleichheit und Asymmetrie der Geschlechter."*[44]

Hier bietet sich also gerade in Kindertageseinrichtungen die Chance, dieses Erproben und Inszenieren situationsbezogen kritisch zu begleiten, zu erweitern und damit Konflikte auf neue und konstruktive Art miteinander auszutragen. Indem neue

---

[44] Klees-Möller 1998, S. 58.

Strategien erprobt werden, kann hier also langfristig eine Vielfalt von konstruktiven Konfliktlösungsstrategien erlernt werden.

## Praxisanregungen und Veränderungsansätze

Im Folgenden werden einige praktische Anregungen vorgestellt, die das Thema ‚Umgang mit Konflikten und Aggressionen', auch im weiteren Sinne berühren. Sie können je nach Gruppe, Alter der Kinder, eigenen Vorlieben und räumlichen Gegebenheiten angemessen variiert und genutzt werden. Wichtig ist dabei jedoch, die Spiele und Aktionen zuerst selbst auszuprobieren, bevor sie mit den Kindern durchgeführt werden.

### Sensibilisierungsübungen

Sensibilisierungsübungen dienen dazu, die eigenen Gefühle wahrzunehmen, sie sinnlich zu erleben und neue Ausdrucksformen zu erproben. Wichtig dabei ist, auch jene Ausdrucksformen von Gefühlen wahrzunehmen und zu bestärken, die nicht in den Geschlechterstereotypen vom „typischen Mädchen" oder „typischen Jungen" aufgehen.

*Skulpturbildung*
> Die Erzieherin ruft die Kinder zusammen und bildet Gruppen. Dabei bittet sie jede Gruppe, ohne zu sprechen, ein Gefühl darzustellen:
> Gruppe 1: Wie sieht es aus, wenn ihr wütend seid?
> Gruppe 2: Wie sieht es aus, wenn ihr traurig seid?
> Gruppe 3: Wie sieht es aus, wenn ihr fröhlich seid? Usw.
> Nach einer kurzen Vorbereitungszeit bildet jeweils eine Gruppe der Kinder eine Skulptur und die anderen müssen raten, um welches Gefühl es sich handelt.

## Zum Umgang mit Abwertungen und Gewalt

Die ErzieherInnen greifen Abwertungen und handgreifliche Auseinandersetzungen situationsbezogen auf und thematisieren, was sie als Kränkung empfinden und was sie in der Einrichtung nicht dulden.

Den Jungen, die beim Toben rücksichtslos mit sich und anderen umgehen, um ihr Junge-Sein zu zeigen oder durch Gewalt Rangordnungen untereinander herstellen, setzen die ErzieherInnen klare Grenzen. Im Alltag unterstützen sie Mädchen darin, sich in Konfliktsituationen mit Jungen zu behaupten, indem sie sich allein oder mit anderen Kindern zusammen wehren, sich Hilfe holen oder den Konflikt zum Thema machen (z. B. in einer Kinderkonferenz).[45] Sie ermuntern kleinere, schwächere Jungen und auch Jungen, die ihre Konflikte nicht durch Gewalt lösen wollen, sich Hilfe zu holen oder den Konflikt zu thematisieren. Sie regen Jungen und auch Mädchen dazu an, sich in andere hineinzuversetzen, über ihre Wut oder Traurigkeit zu reden und andere Formen der Kontaktaufnahme und der Konfliktlösung auszuprobieren. Gemeinsam mit den Kindern werden Strategien überlegt, um sich gegen Beleidigungen oder Tätlichkeiten zu wehren:

> Aron erzählt, dass Nils, mit dem er oft spielt, ihn „Schlappschwanz" nennt. Wenn er ihm sagt, er soll aufhören, macht er weiter und sagt: „Das ist doch nur Spaß". Die Erzieherin bzw. der Erzieher fragt Aron, ob er sich vorstellen könne, ihm zu sagen, dass Freunde sich auch nicht im Spaß so nennen oder nicht mehr mit ihm zu spielen.

---

[45] Vgl. dazu auch die Beispiele und Anregungen in Klees-Möller 1998, S. 81 f., wie sich Mädchen gegen Jungen behaupten und verteidigen können.

Kai und Paul nehmen Sabrina zum wiederholten Mal die Pokemon-Figuren weg und schubsen sie vom Stuhl, so dass sie fällt und weinend zur Erzieherin läuft. Die Szene wird im Rollenspiel nachgestellt.

Eine Erzieherin spielt Kai oder Paul und das Mädchen spielt sich selbst. Die Erzieherin in der Rolle von Paul oder Kai ärgert das Mädchen so lange, bis die andere Erzieherin bzw. der Erzieher eingreift und den Streit schlichtet. Dann wird die Situation noch mal gespielt und die Mädchen sollen eingreifen und das Mädchen unterstützen. Sie schreien den Jungen an, stellen sich vor, neben oder hinter das Mädchen, bis die Erzieherin in der Rolle des Jungen weggeht. Anschließend erzählen Sabrina und die anderen Mädchen, wie diese Situation für sie war und wie sie sich gefühlt haben. Zum Schluss können auch andere Mädchen die Situation ausprobieren.

Damit die Jungen lernen, sich in andere hineinzuversetzen, kann die Übung modifiziert werden, indem sich nun Kai oder Paul in die Rolle von Sabrina versetzen und zwei Mädchen in die Rolle der Jungen. Auch hier ist vor allem wichtig, dass die Kinder hinterher erzählen, wie sie die Situation erlebt haben. Gemeinsam kann dann überlegt werden, welchen Sinn diese handgreiflichen Durchsetzungsformen haben und welche anderen Formen der Einigung oder auch der Durchsetzung der eigenen Wünsche es gibt.

## Übungen für das Ansprechen von Gefühlen

### Gesprächsrunden

Der in der Gruppe angesehene und große Georg erzählt, dass er gern den kleinen Erkan ärgert: „Ist doch lustig". „Der läuft dann weg!" Die Erzieherin fragt Erkan, wie es ihm dabei geht. Erkan antwortet mit leiser Stimme: „Mir geht es nicht gut." Die Erzieherin fragt Erkan: „Was denkst du, was Georg machen würde?" Erkan antwortet: „Mich anschreien und hauen." Georg sagt: „Ich verprügele keinen!" Dann reden auch die anderen Kinder über das Ärgern und Geärgert werden und diskutieren, ob jemand, der sich Hilfe bei den ErzieherInnen holt, ein Petzer oder eine Petze ist oder nicht.[46]

*Jungengruppen*
In der Jungengruppe kann das Thema „Streit" und „Wut" durch Sensibilisierungsübungen (s.o.) aufgegriffen werden, die Einfühlungsvermögen und soziales Verhalten fördern und auch schmerzliche Gefühle zulassen. Hierbei können Tätigkeiten wie z. B. Tanzen, mit Puppen spielen, künstlerisch-kreative Tätigkeiten oder Kochen ausprobiert werden, die vielen Jungen gefallen, was sie jedoch selten zugeben können, weil dieses Interesse von anderen Jungen häufig als „lächerlich" oder sogar als „Mädchenkram" oder „weibisch" bewertet wird. Die Jungen können darin bestärkt und bestätigt werden, auch diese Interessen und Bedürfnisse selbstbewusst auszuleben.

Der Umgang mit Konflikten, Differenzen und Aggressionen ist ein wichtiges Thema für Kindertageseinrichtungen. Denn Mädchen und Jungen müssen gerade in einer pluralen Gesellschaft lernen, Unterschiede von Menschen und Lebensformen anzuerkennen und Konflikte miteinander zu lösen, ohne Hierarchisierungen (also Auf- und Abwertungen) zu schaffen und ohne Gewalt anzuwenden. Das pädagogische Ziel ist daher, weniger schädliche, konstruktive und auf Konfliktlösung zielende Fähigkeiten für beide Geschlechter erlernbar zu machen.[47]

---

[46] Vgl. auch Klees-Möhler 1998, S. 87.
[47] Vgl. Schmerl 2000, S. 212.

## 5.4.2 Technikinteresse

Technik und vor allem neue Medien, wie Digitalkamera, Computer und Internet, gehören heute ganz selbstverständlich zum Alltag und gewinnen für die unterschiedlichsten Berufsbereiche immer größere Bedeutung.

Die Erleichterung des Zugangs von Mädchen und jungen Frauen zu technischen Berufsbereichen und die Erhöhung des Anteils von Frauen in Naturwissenschaft und Technik wird im Sinne einer auf Chancengleichheit ausgerichteten Bildungspolitik immer wieder gefordert.[48] Bereits Kindertageseinrichtungen können dazu einen wichtigen Beitrag leisten. Denn hier besteht die Möglichkeit, situationsbezogen in alltäglichen Interaktionen zu lernen. „Der Alltag ist der wichtigste Lernort des Lebens und die Dinge darin sind wichtige Lehrmeister … In seiner Ingebrauchnahme erschließt sich der Sinn des Dings. Jede Hantierung mit einer Sache hinterlässt Spuren im Körpergedächtnis."[49] Hier herrscht zudem eine ideale Lernatmosphäre, um auch unterschiedliche Ausgangsbedingungen von Kindern auszugleichen und damit sozialen Ungleichheiten vorzubeugen.

Mädchen und Jungen erleben bereits früh in ihrem Lebensalltag, dass Technik sozusagen „Männersache" ist, sich eher Männer um technische Dinge im Alltag kümmern (technische Geräte bedienen, warten und reparieren) und häufig auch mehr Interesse an technischen Fragen zeigen.[50]

Auch viele Erzieherinnen haben eine gewisse Scheu vor der Technik, was Helga Müller mit deren Erfahrungen in Erziehung, Schule und Ausbildung begründet.[51] Dabei gibt es durchaus Erzieherinnen, die sich für Technik interessieren und auch über

---

[48] Vgl. Greif 1996.
[49] Elschenbroich 2001, zit. nach Kasüschke 10/2001, S. 35.
[50] Vgl. u. a. auch Zwick, Renn 2000.
[51] Vgl. Müller 1992, zit. nach Kasüschke 10/2001, S. 35.

entsprechende Kompetenzen verfügen. Aber in ihrer sozialpädagogischen Ausbildung lernen sie nicht, wie man Kinder an naturwissenschaftliche und technische Fragen heranführt. So wundert es nicht, dass auch die Schwerpunkte der pädagogischen Arbeit in Kindertageseinrichtungen vor allem im kreativ-künstlerischen und weniger im technischen Bereich liegen.

Die unterschiedliche Förderung von Mädchen und Jungen in technischen Fragen durch Elternhaus, Fernsehen, Spielzeug, Kinderbücher und andere Freizeitangebote wird daher leider selten durch die pädagogische Arbeit in Kindertageseinrichtungen ausgeglichen. Der Vorsprung, den Jungen haben, wird durch Kindertageseinrichtungen oder Schule häufig sogar noch ausgebaut. Mädchen verlieren so zunehmend das Interesse an Technik, weil sie erfahren, dass Technik „Jungen- und Männersache" ist und Jungen darin auch viel stärker gefördert werden.

**Praxisanregungen und Veränderungsansätze**

Gerade Kindertageseinrichtungen bieten viele Möglichkeiten, ungleiche Ausgangsbedingungen von Mädchen und Jungen zu kompensieren. So wurden gute Erfahrungen gemacht, Mädchen im Alltag gezielt zum Gebrauch von Fotoapparat, Videorekorder und Computer anzuregen und sie dabei zu unterstützen. Wichtig ist hierbei vor allem, die Mädchen zum Experimentieren zu motivieren und Übergriffe von Jungen, die es scheinbar besser können, zu verhindern. Dies gilt übrigens auch umgekehrt bei der Förderung von Jungen in ungewohnten und untypischen Bereichen.

Um handwerkliche und technische Aktivitäten als selbstverständlichen Bestandteil der pädagogischen Arbeit mit Mädchen und Jungen zu integrieren, ist es sinnvoll, wenn die Erzieherinnen solche Angebote machen. Im Team kann überlegt werden, wer über welche Kompetenzen verfügt und wie diese im Alltag eingesetzt werden können. Zahlreiche Gelegenheiten, sich handwerklich-praktisch zu betätigen, bieten Renovierungsarbeiten in der Einrichtung oder Bauvorhaben mit den Mädchen oder mit den Mädchen und Jungen im Außenbereich (z. B. eine Hütte oder ein Baumhaus).

Gerade für die Erweiterung technischer Fähigkeiten kann es sinnvoll sein, zeitweise in Mädchen- und Jungengruppen zu arbeiten. Im geschützteren Raum der gleichgeschlechtlichen Gruppe können diese Kompetenzen oft leichter entwickelt werden. Erfahrungen wie u. a. im Modellprojekt „Mädchen im Hort" zeigen, dass vor allem Jungen und einige ältere, durchsetzungsfähige Mädchen den Computer nutzen.[52] Hier ist es sinnvoll, bestimmte Zeiten festzulegen und auch die kleineren Mädchen zu unterstützen. Aufgrund der Modellfunktion empfiehlt es sich, dass technische Angebote von den Erzieherinnen oder von Fachfrauen (z. B. auch eine der Mütter) übernommen werden. Auch für die Jungengruppe ist es wichtig zu erleben, dass eine Frau sie im Bereich Technik anleitet.

Verschiedene Institutionen in der Gemeinde oder im Bezirk können angesprochen werden, ob sie durch eine Sachspende (Computer, Computerspiele etc.) oder eine finanzielle Spende die bereits frühe Technikbildung von Kindern unterstützen wollen. Auch die Eltern können angesprochen werden, dass ein Computer gegen einen neuen ausgetauscht und das ältere Modell der Einrichtung zur Verfügung gestellt werden kann.

*Eine Homepage für die Einrichtung entwickeln*
Mit älteren Mädchen und Jungen kann unter Anleitung einer Fachfrau eine Homepage im Internet entwickelt werden, auf der die Kinder sich und die Einrichtung vorstellen.

---

[52] Vgl. Klees-Möller 1998, S. 129.

*Die solarbetriebene Gummibärchenschleuder*
Wie Untersuchungen und praktische Erfahrungen zeigen, ist ein starker Anwendungs- und Umweltschutzbezug besonders für Mädchen ein Motor, sich mit Technik und technischen Berufen auseinander zu setzen. Ökotechnische Fragen und Angebote fördern damit nicht nur das Umweltbewusstsein, sondern zugleich die Technikmotivation von Mädchen. Ein praktisches Beispiel ist die solarbetriebene Gummibärchenschleuder. Es handelt sich hierbei um ein ca. 30 cm hohes Kettenkarussel aus Draht, das mit Solarzellen und einem Motor ausgestattet ist. Scheint (Sonnen-)Licht auf die Solarzellen, setzt sich das Karussel in Bewegung und schleudert die darin sitzenden Gummibärchen hoch in die Luft. Die Herstellung dieser „Gummibärchenschleuder" macht den Mädchen Spaß, führt ein in technische und ökologische Fragen und ist etwas, das später stolz Eltern, Geschwistern oder Freundinnen gezeigt werden kann. Durch solche Erfolgserlebnisse wächst die Lust an Technik.[53]

## 5.4.3 Umgang mit Körper und Raum

Bewegung, Gestik, Mimik, körperlicher Einsatz beim Spiel und bei Alltagstätigkeiten sind nicht nur individuell sehr unterschiedlich. Es gibt auch soziale Praktiken, quasi einen „Kodex der guten Sitten" für den Umgang mit dem Körper, der tief verinnerlicht und allen Mitgliedern einer bestimmten sozialen Gruppe gemeinsam ist. Wenn Mädchen und Jungen in Kinder-

---

[53] Life e.V. ist ein großer Mädchen- und Frauenbildungsträger. Er bietet neben Workshops für Mädchen auch ökotechnische Weiterbildungen für Pädagoginnen und Sozialarbeiterinnen aus der Mädchenarbeit an. Darüber hinaus können didaktische Materialien und Bauanleitungen für ökotechnische Modelle angefordert werden. (www.life-online.de).

tageseinrichtungen kommen, bringen sie bereits eine Menge Wissen und Empfindungen über ihren Körper mit. Denn der Körper ist das zentrale Medium für die Darstellung von Weiblichkeit und Männlichkeit.

Sich weiblich darzustellen bedeutet tendenziell, die eigenen Bewegungen im Zaum zu halten, den eigenen Körper zu schützen, statt Schrammen und Knochenbrüche zu riskieren. Es heißt des weiteren, beim Laufen, Klettern, Schaukeln, Schlagen nicht den ganzen Körper in eine fließende und zielgerichtete Bewegung zu versetzen, sondern die Bewegung eher auf einen bestimmten Körperteil zu konzentrieren. Diese raumsparenden, vorsichtigen und gehemmten Bewegungen werden auch häufig als typischer Mädchenstil bezeichnet.[54] Dieser Stil ist jedoch nicht biologisch oder genetisch festgelegt, sondern wird als typisches Verhalten in einer bestimmten sozialen Gruppe und Kultur erworben.

Sich männlich darzustellen bedeutet tendenziell, sich körperlich auszuprobieren und auszuagieren. Schrammen und kleinere Verletzungen werden hier weit eher riskiert, um die eigenen körperlichen Kräfte zu testen und sich mit anderen Jungen zu messen. Viele Jungen stehen unter dem Druck, immer stark sein und alles können zu müssen. Vor allem körperlich muss diese Stärke immer wieder bewiesen werden. Es ist daher wichtig, dass Jungen im Alltag die Erfahrung machen, nicht immer der Stärkste, Beste, Erfolgreichste sein zu müssen, um sich „... dazugehörig, geliebt, akzeptiert und verstanden zu fühlen, das ist eine wichtige und entspannende Erfahrung, eine Ganzkörpererleichterung."[55]

---

[54] Vgl. Lorber 1999, S. 88.
[55] Vgl. Haug-Schnabel 1997, S. 85.

## Praxisanregungen und Veränderungsansätze

Körperkontakt und Nähe werden bei Jungen häufig über Kräftemessen und „Rangeleien" gesucht. Daher ist es notwendig, Jungen auch noch andere Möglichkeiten des Körperkontakts zu erschließen. Um im Bereich der Körper- und Selbsterforschung neue Erfahrungen zu ermöglichen, wirken eigene Räume für Mädchen und eigene Räume für Jungen oft unterstützend. In zeitweise eingerichteten Mädchengruppen und Jungengruppen sind Mädchen und Jungen eher bereit und in der Lage, sich mit dem eigenen Körper auseinander zu setzen. In diesen geschlechtshomogenen Gruppen ist es einfacher, sich von den typischen Körperpraktiken für Mädchen und Jungen zu entfernen und individuelle Fähigkeiten und Interessen zu entwickeln. Durch diese Erweiterung kann das einzelne Kind erkennen, was es gut kann und gerne mag, Vertrauen zum eigenen Körper, den eigenen Grenzen und Möglichkeiten gewinnen. Mädchen können sich untereinander körperlich messen, ihre Stärke ausprobieren und Bewegungen erproben, die raumgreifender und stärker nach außen gerichtet sind. Jungen können hier auch mal eher nach innen gerichtete Körpererfahrungen machen.

Beobachtungsergebnisse zur Raumnutzung von Kindern in Kindertageseinrichtungen zeigen, dass Spiele und Aktivitäten von Mädchen und Jungen stark von der Gestaltung und Ausstattung der Innen- und Außenräume beeinflusst werden.[56] Es wurde dabei deutlich, dass Mädchen eher „raumsparend" spielen und die Innen- und Außenräume weniger nutzen als Jungen, die eher raumgreifend aktiv sind. Daher gilt es vorab zu fragen:

Wo werden Mädchen oder Jungen durch die Raumgestaltung möglicherweise auf bestimmte Bewegungen, Spiele und

---

[56] Vgl. u. a. Klees-Möller 1998, S. 93.

Tätigkeiten festgelegt oder begrenzt? Wie lassen sich durch Raumgestaltung und Einrichtung sowie durch die Gestaltung des Außengeländes Mädchen und Jungen auch zu geschlechtsuntypischen, Kompetenz erweiternden Aktivitäten anregen? Wo finden sich Rückzugsmöglichkeiten und Freiräume?

Folgende Übungen zum Thema Körper und Raum bieten sich an:

*Raum nehmen (Gruppe von Mädchen und Jungen)*
> Die Erzieherin bzw. der Erzieher leitet die Kinder bei dieser Übung an und geht mit durch den Raum, der möglichst groß und leer geräumt ist. Dabei führt sie bzw. er die Kinder zuerst ganz leise und auf Zehenspitzen kreuz und quer durch den Raum. Dann sollen die Kinder ganz fest auftreten, laut gehen. Variationen: laut und leise, sich groß und klein machen, sich ängstlich bewegen, lustig hüpfen, wütend stampfen etc. Anfangs macht die Erzieherin bzw. der Erzieher die Bewegungen vor, zeigt spielerisch ein Gefühl, gibt auf Zuruf Anweisungen. Dann soll jeweils ein Kind aus der Gruppe etwas vormachen, das die anderen dann nachmachen. Diese Übung dient dazu, unterschiedliche Ausdrucksformen aus zu probieren, die eigenen zu erweitern und auch zu fühlen, wann welche angemessen ist.

*Kräfte messen (Mädchengruppe und Jungengruppe)*
> Die Kinder gehen durch den Raum, bleiben auf Zuruf der Erzieherin bzw. des Erziehers stehen und probieren aus, wie sie am besten ganz fest und sicher stehen. „Stellt Euch vor, ihr seid ein Baum und seid fest verwurzelt in der Erde." Danach gehen die Kinder wieder kreuz und quer durch den Raum. Dies wird eine Weile wiederholt. Dann gehen sie zu zweit zusammen. Eines der Kinder stellt sich ganz fest ver-

ankert hin, während ein anderes versucht, durch „Schieben" das stehende Kind von dem Platz weg zu bewegen. Diese Übung dient dazu, die eigene Kraft zu erleben.

*Variante Schildkröte (Mädchengruppe und Jungengruppe)*[57]
Diese Übung ist vor allem für Mädchen geeignet, sich der eigenen Kraft bewusst zu werden. Ein Mädchen aus der Gruppe kann die Schildkröte spielen. Sie setzt sich kniend auf den Boden, macht sich ganz rund, zieht die Ellenbogen an den Körper und legt sich auch mit dem Oberkörper auf den Boden, so dass sie wie eine Schildkröte aussieht. Ein oder zwei Kinder versuchen sie aus dieser Haltung herauszuholen. Dabei wird deutlich, dass ein Kind oft mehr Kraft hat als es vermutet. Daher unterstützt diese Übung auch in einer Jungengruppe die körperlich eher schwächeren Jungen.

*Körperreise (Jungengruppe und Mädchengruppe)*
Die Jungen legen sich auf einem weichen Untergrund (Matten, Teppich) auf den Boden und schließen die Augen. Der Erzieher bzw. die Erzieherin führt die Kinder mit seiner bzw. ihrer Stimme langsam durch den Körper. Dabei beginnt er/sie mit den Füßen. Er bzw. sie stellt Fragen, die dazu dienen, die Aufmerksamkeit der Kinder für ihren Körper zu fördern, z. B.: „Geh mit deiner Aufmerksamkeit in deine Füße. Sind sie warm oder kalt? – Berühren sie sich? Wandere dann in die Beine? Trägt der Boden deine Beine oder hältst du sie fest? Fühlst du die Hose an den Beinen? Fühlt sich der Boden unter den Beinen kalt an oder warm? usw." Diese Übung dient der Entspannung und Körpererfahrung. Sie ist

---

[57] Es handelt sich hierbei um eine Anregung meiner Kollegin Anke Bührmann.

auch für PädagogInnen eine gute Möglichkeit der Selbst- und Körperzentrierung.

*Fantasiereise (Jungen- und Mädchengruppe)*
Zur Entspannung dienen auch so genannte Fantasiereisen. Die Ausgangssituation ist dabei die gleiche. Diesmal führt der Erzieher bzw. die Erzieherin die Kinder in eine angenehme und entspannende Situation hinein z. B.: „Stell Dir einen Ort vor an dem Du gerne bist. Die Sonne scheint, es ist warm ..."

In Kindertageseinrichtungen bietet sich die Chance, geschlechtstypische Körperpraxen kritisch zu begleiten und bisher vernachlässigte Bewegungen und Körpererfahrungen zu erproben. So gesehen beugt geschlechtsbewusste Pädagogik in Kindertageseinrichtungen problematischem Verhalten von Kindern vor und ist immer auch Gesundheitsförderung. Vor allem aber bietet sich hier die Chance, einen Umgang mit dem eigenen Körper zu ermöglichen, der auf Lust an Bewegung und Entspannung sowie auf Freude am eigenen Körper basiert.

## 5.5 Fünfter Baustein: Elternarbeit, Gemeinwesenorientierung und Öffentlichkeitsarbeit

### Elternarbeit

Bezugspersonen, wie beispielsweise Eltern und Großeltern, können einen wichtigen Beitrag zur geschlechtsbewussten Pädagogik in Kindertageseinrichtungen leisten. Einige Eltern beschäftigen sich bereits mit der Geschlechterfrage und haben konkrete Wünsche an die Arbeit in der Einrichtung oder auch Befürchtungen, die es ernst zu nehmen gilt. Wichtig sind jedoch auch gezielte Aktionen und Projekte, die die geschlechtsbewusste Pädagogik im Bereich der Elternarbeit unterstützen und sichtbar machen.

### Impulse für die alltägliche Elternarbeit

- *Bring- und Abholsituationen nutzen*
  Hier bietet sich am Besten die Möglichkeit, Eltern im Kontakt mit dem Kind zu erleben und kurze Gespräche mit den Eltern zu führen. Auch die Väter sind hier häufiger als sonst anzutreffen. Es besteht die Gelegenheit, den Eltern von ihren Kindern und von deren Stärken und Interessen zu erzählen. Dabei können auch Fähigkeiten benannt werden, die die Eltern vielleicht so noch nicht wahrgenommen haben, wie zum Beispiel: „Leonie hat heute mit mir den Kassettenrekorder repariert." oder „Nils hat sich heute um die kleineren Kinder gekümmert." Eltern könnten hier auch angeregt werden, ihre Töchter im technischen und ihre Söhne im sozialen Bereich zu fördern. Ebenso können in diesen Bring- und Abholsituationen Eltern um Mithilfe gebeten werden, z. B.: „Herr M., Nils hat erzählt, dass Sie Gärtner sind. Wäre es Ihnen möglich, den Kindern bei ihrem Kräutergarten zu helfen?" „Frau F., Charlotte hat erzählt, dass Sie Tischlerin sind. Wäre es Ihnen möglich, die Kinder beim Bau eines Baumhauses zu unterstützen?"
- *Zusammen mit dem Elternbeirat*
  Durch eine Sensibilisierung für das Thema können im Elternbeirat Verbündete für eine kontinuierliche geschlechtsbewusste Pädagogik gewonnen werden. Hier können zur Sensibilisierung die Anregungen des ersten Bausteins zur Selbst- und Teamreflexion genutzt werden oder aber die Mitglieder des Elternbeirats können an einem Einführungsseminar teilnehmen. Hier können auch Ideen gesammelt werden, wie Mädchen und Jungen in ihren Stärken und Fähigkeiten

gefördert, soziale Ungleichheiten ausgeglichen und geschlechtsuntypische Erfahrungen unterstützt werden und welchen Beitrag die Eltern dazu leisten können.

- *Elternabend zum Thema geschlechtsbewusste Pädagogik gestalten*
Elternabende dienen dazu, über die Arbeit in der Einrichtung zu informieren, die Eltern vertraut zu machen mit der Kindertageseinrichtung und ihnen auch Hilfestellungen für die Erziehung zu geben. Im Folgenden soll eine mögliche Herangehensweise skizziert werden, um Eltern für das Thema geschlechtsbewusste Pädagogik zu sensibilisieren.

*„Zeitkuchen in der Gegenwart und in der Zukunft"*
Auf einem Plakat malen Eltern in einem großen Kreis wie die Stücke eines Kuchens ein, wie viel Zeit sie für welche Tätigkeiten in ihrem Alltag brauchen (Haushalt, Kinderbetreuung, berufliche Tätigkeit, Zeit für sich, kulturelle Betätigungen etc.). Daran anschließend malen sie einen weiteren Kreis, in den sie einzeichnen, welche Tätigkeiten sie sich für ihre Tochter bzw. für ihren Sohn in Zukunft wünschen bzw. wie sie sich die Aufteilung der Zeit und damit auch die Arbeitsteilung der Geschlechter in Zukunft für ihre dann erwachsenen Kinder wünschen. Anschließend werden die Wünsche vorgelesen und diskutiert. Dabei wird in der Regel gerade von Frauen/Müttern ihre eigene Situation bzw. der Unterschied zwischen Wünschen und der Realität geschildert.

Zum Beispiel: Die Hausarbeit! Die Frauen wünschten sich, dass der Haushalt von beiden Partnern gleichermaßen erledigt werden sollte. Die Realität sieht jedoch so aus, dass hier der weitaus größte Anteil von den Frauen übernommen wird.

Über diese Diskrepanz zwischen den Wünschen und der Realität im Verhältnis der Geschlechter und die Schwierigkeit der Veränderung kann dann das Gespräch auf die Mädchen und Jungen übergeleitet werden. Denn viele Erwachsene haben den Wunsch, dass wenigstens in der nächsten Generation die Haus-, Erziehungs- und Erwerbsarbeit gerecht verteilt sein soll. Dass dazu auch geschlechtsbewusste Pädagogik beitragen kann, wird so leicht deutlich.

Erfahrungen aus Projekten im Hortbereich zeigen sehr deutlich, dass sowohl die Eltern von Jungen als auch von Mädchen die Veränderungen des Gruppenalltags durch die geschlechtsbewusste Pädagogik durchweg als positiv für die Entwicklung ihrer Kinder bewerteten.[58]

### Gemeinwesenorientierung und Öffentlichkeitsarbeit

Ein weiterer Bestandteil geschlechtsbewusster Pädagogik ist die Öffnung von Kindertageseinrichtungen zu ihrem Umfeld. Das bedeutet, dass mit den Kindern verstärkt Aktivitäten auch im „öffentlichen Raum" stattfinden, z. B. Spaziergänge, Exkursionen und Projekte. Die Öffnung von Kindertageseinrichtungen muss jedoch nicht immer zu Außenaktivitäten führen. Vielmehr kann die Lebenswelt auch in die Einrichtung „hereingeholt" werden, z. B. indem Eltern, Freunde und Freundinnen usw. eingeladen werden. Kindertageseinrichtungen können zu lokalen Begegnungsstätten werden, die einen wichtigen Beitrag zur Integration von Familien in das Gemeinwesen leisten, z. B. werden in eigenen oder benachbarten Räumen bedarfsorientierte Angebote für das Gemeinwesen gemacht, wie beispielsweise Öffnung des Spielplatzes für andere Kinder, Vater-Kind-Gruppe, Computerkurse für Mädchen.

Ein Teil der Öffnung von Kindertageseinrichtungen nach außen hin ist zudem die Zusammenarbeit und Vernetzung mit anderen Personen und Institutionen. Besonders hilfreich für die

---

[58] Vgl. Klees-Möller 1998, S. 132.

Zusammenarbeit mit den Eltern ist eine kontinuierliche Dokumentation der eigenen Arbeit. Plakate mit großen Zeichnungen oder Fotos und knappen, aussagekräftigen Sätzen können hierbei ebenso eingesetzt werden wie Produkte aus der Projektarbeit. Eine Dokumentation kann auch im Rahmen eines öffentlichen Festes dazu dienen, die geschlechtsbewusste Pädagogik im Gemeinwesen sichtbar zu machen. Kontakte und Vernetzungen mit anderen Projekten, die wegen ihres pädagogischen Ansatzes oder durch die räumliche Nähe weiterhelfen können, sind ebenso hilfreich und nützlich, wie ein Informationsaustausch mit ErzieherInnen aus anderen Einrichtungen. Folgende Aspekte sollten berücksichtigt werden, um Verbündete für die geschlechtsbewusste Arbeit zu gewinnen:

### Verbündete gewinnen

- Vor allem der Austausch mit Projekten im Bereich der Kinder- und Jugendhilfe, die bereits geschlechtsbewusst arbeiten, ist zur Unterstützung, für den Erfahrungsaustausch und die Vernetzung unerlässlich (z. B. Kontakte mit regionalen Mädchen- und Jungenprojekten oder mit Fachkräften aus dem Bildungs- und Weiterbildungsbereich und vor allem mit KollegInnen, die in Kindertageseinrichtungen bereits geschlechtsbewusst arbeiten bzw. arbeiten wollen; Hinweise finden sich auch im Internet).
- Es ist hilfreich, die Vorteile dieser Arbeit auch EntscheidungsträgerInnen zu verdeutlichen, wie z. B. PolitikerInnen, dem Träger der Einrichtung, der Fachberaterin, der Leitung. Dabei gilt es, nicht nur die fachlich-pädagogischen Aspekte anzusprechen, sondern auch den jeweiligen Nutzen für den bzw. die EntscheidungsträgerIn (z. B. Innovation im Vergleich zu anderen Einrichtungen, entspricht dem gesetzlichen Auftrag, wie KJHG § 9, Absatz 3 und den verbindlichen

Regelungen des Gender Mainstreaming, zeigt die Fortschrittlichkeit, ist nützlich für die Öffentlichkeitsarbeit).
- Öffentlichkeitsarbeit im Umfeld und in anderen Institutionen wie Schule, Fachschule für ErzieherInnen oder auch Hochschulen für Pädagogik und Soziale Arbeit ist eine Möglichkeit, die Arbeit sichtbar zu machen und Unterstützung zu suchen.

# Schlussbemerkung

Die Ausführungen in diesem Buch haben gezeigt, dass wir alle, die wir in dieser Gesellschaft aufgewachsen sind und leben, die Geschlechterverhältnisse reproduzieren und variieren. Wir ordnen ein, wir schreiben zu, wir benachteiligen und bevorzugen, ohne dass uns dies immer bewusst ist. Selbst nach vielen Jahren der Auseinandersetzung mit der Thematik erlebe ich auch bei mir immer wieder, wie ich in verschiedenen Situationen von Mädchen und Frauen etwas anderes erwarte als von Jungen und Männern oder wie ich bestimmte Tätigkeiten ganz selbstverständlich und ungefragt übernehme und andere Männern überlasse.

In der Praxis geschlechtsbewusster Pädagogik kann es nicht darum gehen, widerspruchsfrei und perfekt zu sein, sondern vielmehr darum, sensibel zu sein, Selbstverständliches in Frage zu stellen und Mädchen und Jungen, jenseits der Geschlechterstereotype, als Individuen mit ihren jeweiligen Stärken und Schwächen zu fördern. Das klingt nach wenig, ist jedoch viel. Denn es setzt die Lust auf Selbsterforschung und lebenslanges Lernen voraus sowie die Bereitschaft, Selbstverständliches immer wieder in Frage zu stellen und Neues auszuprobieren.

Eingefahrene Mechanismen, Routinen oder Sicht- und Verhaltensweisen zu hinterfragen und „verschüttete" Fähigkeiten und Interessen von Mädchen und Jungen aufzudecken, ist jedoch nicht nur mit Anstrengung verbunden, sondern gestaltet die Arbeit auch in hohem Maße bunter, lebendiger und facettenreicher. So werden auch die Kinder in ihrer Lebendigkeit und Unterschiedlichkeit viel sichtbarer. Und das verleiht der pädagogischen Arbeit neue und interessante Impulse.

# Literatur

Albrecht-Heide, Astrid (1986): Männliche Helden – weibliche Tränen. In: Christian Büttner; Aurel Ende (Hrsg.): Jahrbuch Kindheit. Band 3. Beltz Verlag: Weinheim und Basel
Dies. (1996): Wege aus der Gewalt in der Dominanzkultur
Baacke, Dieter (1999): Die 6–12-Jährigen. Einführung in die Probleme des Kindesalters. Neuausgabe der 6. Auflage von 1998. Beltz Verlag: Weinheim und Basel
Barthelmess, Jürgen u. a. (1991): Kinder brauchen Medienerlebnisse. Beobachtungen aus dem Kindergarten. In: Aufenanger, Stefan (Hrsg.): Neue Medien – Neue Pädagogik? Bundeszentrale für politische Bildung. Bonn, S. 97–104
Becker-Schmidt, Regina; Knapp, Gudrun-Axeli (Hrsg.) (1995): Das Geschlechterverhältnis als Gegenstand der Sozialwissenschaften. Campus Verlag: Frankfurt und New York
Becker-Textor, Ingeborg; Textor, Martin (1998): Der offene Kindergarten. Herder Verlag: Freiburg, Basel, Wien
Benhabib, Seyla (2000): Kulturelle Vielfalt und demokratische Gleichheit. Politische Partizipation im Zeitalter der Globalisierung. 2. Auflage. Fischer Verlag: Frankfurt am Main
Bereswill, Mechtild (1999): Typisch Mädchen – typisch Junge. Geschlechtsbezogene Pädagogik zwischen Klischeebildung und Veränderung. In: Roswitha Burchart-Harms; Judith Burkhard; Petra Focks; Andreas Lob-Hüdepohl: Alter Zopf und neue Hüte. Geschlechtsdifferenzierte Pädagogik in der Jugendhilfe. Stand und Perspektiven. Katholische Fachhochschule: Berlin, S. 5–11
Bitzan, Maria (1999): „... ihren Fähigkeiten entsprechend beteiligen." Voraussetzungen und Möglichkeiten zur Beteiligung von Mädchen an Planungsprozessen. In: SPI Berlin Bundesmodell „Mädchen in der Jugendhilfe" (Hrsg.): Neue Maßstäbe. Mädchen in der Jugendhilfeplanung. SPI: Berlin, S. 103–114
Dies. (2000): Geschlechtshierarchischer Verdeckungszusammenhang. Überlegungen zur sozialpädagogischen Mädchen- und Frauenforschung. In: Doris Lemmermöhle u. a. (Hrsg.): Lesarten des Geschlechts. Leske und Budrich Verlag: Opladen, S. 146–161

Dies.; Daigler, Claudia (2001): Eigensinn und Einmischung. Einführung in Grundlagen und Perspektiven parteilicher Mädchenarbeit. Juventa Verlag: Weinheim und München

Bodenburg, Inga (2000): Zur Lebensweltaneignung von Vorschulkindern in Kindertagesstätten. Eine empirische Untersuchung zu Inhalten und Methoden institutioneller Erziehung auf der Basis von Gesprächen. Campus Verlag: Frankfurt am Main

Bollnow (1990): In: Elisabeth Badry; Maximilian Buchka; Rudolf Knapp (Hrsg.): Pädagogik. Grundlagen und Arbeitsfelder. München

Bosse, Hans; King, Vera (Hrsg.) (2000): Männlichkeitsentwürfe. Campus Verlag: Frankfurt und New York

Brown, M. Lynn; Gilligan, Carol (1995): Die verlorene Stimme. Campus Verlag: Fankfurt am Main/New York

Brückner, Margit; Böhnisch, Lothar (Hrsg.) (2001): Geschlechterverhältnisse. Gesellschaftliche Konstruktion und Perspektiven ihrer Veränderung. Juventa Verlag: Weinheim und München, S. 119–178

Bührmann, Andrea; Diezinger, Angelika; Metz-Göckel, Sigrid (2000): Arbeit, Sozialisation, Sexualität. Leske und Budrich: Opladen

Butler, Judith (1991): Das Unbehagen der Geschlechter. Fischer Verlag: Frankfurt am Main

Bundeskriminalamt: Polizeiliche Kriminalstatistik – Berichtsjahr 2000. Erläuterung zu Frage 5. In: Statistisches Bundesamt. http://www. statisitk-bund. de/basis/d/recht/rechts6. htm

Büttner, Christian (2000): Auf dem Weg zur Gleichstellung – Entwicklungsförderung von Jungen und Mädchen in Kindertagesstätte und Hort. HSFK – Standpunkte. Friedensforschung Aktuell. Hessische Stiftung Friedens- und Konfliktforschung. Nr. 5/November 2000. Frankfurt am Main

Bütow, Birgit (2000): Fachliche Standortbestimmung von Mädchenarbeit in den neuen Bundesländern. In: Paritätischer Wohlfahrtsverband/Gesamtverband e. V. (Hrsg.) Frankfurt, S. 39–51

Cahill, Spencer E. (1983): Reexamining the Acquisition of Sex Roles: A Social Interactionist Approach. In: Sex Roles, 1. S. 1–15

Colberg-Schrader, Hedi; Krug, Marianne; Pelzer, Susanne (1991): Soziales Lernen im Kindergarten. Kösel Verlag: München

Dies., Krug; Marianne (1999): Arbeitsfeld Kindergarten. Juventa Verlag: Weinheim und München

Connell, Robert, W. (2000): Der gemachte Mann. Konstruktion und Krise von Männlichkeiten. 2. Auflage. Leske und Budrich: Opladen

Dausien, Bettina; Herrmann, Martina; Oechsle, Mechtild; Schmerl, Christiane; Stein-Hilbers, Marlene (Hrsg.) (1999): Erkenntnisprojekt Geschlecht. Leske und Budrich: Opladen

Dechmann, Birgit; Ryffel, Christiane (1993): Soziologie im Alltag. Eine Einführung. 8. Auflage. Beltz Verlag: Weinheim und Basel

Dieken, Christel van; Rohrmann, Tim (2001): Junge sein ist besser: Kannste alles machen. Was Mädchen und Jungen über Mädchen und Jungen denken. Kindergarten Heute. Heft 11/12. Herder Verlag: Freiburg, S. 30–35

Dippelhofer-Stiem, Barbara; Kahle, Irene; Nakath, Jörg (1999): Berufliche Sozialisation von Erzieherinnen im Übergang von der Fachschule in das pädagogische Tätigkeitsfeld. Wissenschaftlicher Arbeits- und Ergebnisbericht für die DFG. Institut für Soziologie, Otto-von-Guericke-Universität. Magdeburg

Dittrich, Giesela; Dörfler, Mechtild; Schneider; Kornelia (1998): Konflikte unter Kindern beobachten und verstehen. Deutsches Jugendinstitut: München

Europarat (1998): L'approche integrée de l'égalité entre les femmes et les hommes. Cadre conceptuel, méthodique et présentation des ›bonnes practiques‹. Strasbourg

Elschenbroich, Donata (2001): Weltwissen der Siebenjährigen. Kunstmann Verlag: München

Faulstich-Wieland, Hannelore (2000 a): Sozialisation von Mädchen und Jungen. Zum Stand der Theorie. In: Studien zu Kindheit, Jugend, Familie und Gesellschaft. Diskurs 2/2000, Leske und Budrich: Opladen. S. 8–14

Faulstich-Wieland, Hannelore (2000): Individuum und Gesellschaft. R. Oldenbourg Verlag: München Wien

Dies. (2001): Gender Mainstreaming im Bereich der Kindertagesstätten. In: G. v. Ginsheim; D. Meyer: Gender Mainstreaming. Herausgeber: Stiftung SPI Berlin, S. 121–131

Flade, Antje; Kustor, Beatrice (Hrsg.) (1996): Raus aus dem Haus. Mädchen erobern die Stadt. Campus Verlag: Frankfurt am Main

Focks, Petra (1993): Das andere Gesicht. Bulimie als Konfliktlösungsstrategie von Frauen. Campus Verlag: Frankfurt am Main/New York

Dies. (1998): Zwischen Politik und Professionalität. Gender als zentrale Kategorie in der Sozialen Arbeit. In: Zentrum für interdisziplinäre Frauenforschung an der Humboldt Universität (Hrsg.): Chancenstrukturen weiblicher Erwerbsarbeit. Bulletin 16, Berlin, S. 177–185

Dies. (1998): Weibliche Lebensentwürfe zwischen neuer Vielfalt und alten Beschränkungen. In: Arbeitsgemeinschaft Mädchen und junge Frauen in Wedding nach Paragraph 78 KJHG" (Hrsg.): Chancengleichheit für Mädchen! Nur auf dem Papier? Berlin, November, S. 5–10

Dies. (2000): Benachteiligungs- und Privilegierungsdimensionen im Jugendalter. In: Mädchen in sozialen Brennpunkten. Stiftung SPI; Mädea (Hrsg.): Dokumentation des Fachforums im Rahmen des Aktionsprogramms „Entwicklung und Chancen junger Menschen in sozialen Brennpunkten" des Bundesministeriums für Familien, Senioren, Frauen und Jugend. Berlin, S. 63–92

Dies., Höyng Stephan (2001): Geschlechterdifferenzierende Jugendarbeit mit Mädchen und Jungen als Querschnittsaufgabe. In: Nds. Modellprojekt Mädchen in der Jugendarbeit (Hrsg.): Up To Date, Mädchenarbeit präsentiert sich. Dokumentation der ersten landesweiten Messe zur Mädchenarbeit in Niedersachsen. Hannover, S. 71–83

Franz, Petra, Hilke, Gabriele: Ein Plädoyer für die Ungleichbehandlung oder: Geschlechterdifferenz im Kindergarten – Der Blick auf die Mädchen. In: Betrifft Mädchen. 2-1996, S. 10 f.

Fried, Lilian (1989): Werden Mädchen im Kindergarten anders behandelt als Jungen? In: Zeitschrift für Pädagogik, S. 471–492

Dies. (1990): Ungleiche Behandlung schon im Kindergarten und zum Schulanfang? Sprachvermittelte Erziehung von Mädchen und Jungen. In: die deutsche Schule, I. Beiheft, S. 61–70

Funk, Heide; Schwarz, Anne (1999): Bedürfnisse und Konfliktlagen von Mädchen. In: SPI Berlin Bundesmodell „Mädchen in der Jugendhilfe" (Hrsg.): Neue Maßstäbe. Mädchen in der Jugendhilfeplanung. SPI: Berlin, S. 88–102

Gerhard, Ute (1995): Die langen Wellen der Frauenbewegung – Traditionslinien und unerledigte Anliegen. In: Regina Becker-Schmidt; Gudrun-Axeli Knapp (Hrsg.): Das Geschlechterverhältnis als Gegenstand der Sozialwissenschaften. Campus Verlag: Frankfurt am Main

Greif, Monika (1996): Ansätze feministischer Technikkritik. In: Monika Greif; Kira Stein (Hrsg.): Ingenieurinnen – Daniela Düsentrieb oder Florence Nightingale der Technik. Talheimer Verlag: Mössingen-Talheim

Giddens, Anthony (1995): Soziologie. Verlag Nausner und Nausner: Graz und Wien

Gildemeister, Regine; Wetterer, Angelika (1992): Wie Geschlechter gemacht werden. Die soziale Konstruktion der Zweigeschlechtlichkeit und ihre Refizierung in der Frauenforschung. In: Gudrun-Axeli Knapp; Angelika Wetterer (Hrsg.): TraditionenBrüche. Entwicklungen feministischer Theorie, Forum Frauenforschung 6. Kore Verlag: Freiburg, S. 201–254

Hagemann-White, Carol (1995): Berufsfindung und Lebensperspektive in der weiblichen Adoleszenz. In: Karin Flaake; Vera King: Weibliche Adoleszenz. Campus Verlag: Frankfurt am Main/New York

Hark, Sabine (2001): Diskontinuitäten: Feministische Theorie. Leske und Budrich: Opladen

Hartmann, Jutta; Holzkamp, Christina u. a. (Hrsg.) (1998): Lebensformen und Geschlecht. Herrschaftskritische Analysen und pädagogische Perspektiven. Kleine Verlag: Bielefeld

Haug-Schnabel, Gabriele (1996): Aggressionen im Kindergarten. Verständnis und Bewältigung. Verlag Herder: Freiburg

Helfferich, Cornelia: Reiz und Aufregung des Jungseins. In: HS-Brief 24/1998 der Evangelischen Fachhochschulen Darmstadt, Freiburg, Ludwigsburg, Ludwigshafen, Reutlingen

Heiliger, Anita (1998): Weibliche Lebensentwürfe: Vielfalt und Blockierungen. In: Benno Haffeneger; Mechtild M. Jansen; Christina Klose (Hrsg.): „Mit fünfzehn hat es noch Träume ...". Leske und Budrich: Opladen, S. 81–98

Heimvolkshochschule Alte Molkerei Frille (1989): Parteiliche Mädchenarbeit & antisexistische Jungenarbeit. Eigenverlag. Petershagen

Heinemann, Gabriele (1998): Geschlechtsspezifische Jugendarbeit – heraus in den öffentlichen und politischen Raum. In: Roswitha Burchardt-Harms, Judith Burkhard, Petra Focks, Andreas Lob-Hüdepohl: Alter Zopf und neue Hüte. Geschlechtsdifferenzierte Pädagogik in der Jugendhilfe. Stand und Perspektiven. Katholische Fachhochschule: Berlin, S. 33–40

Hempel, Marlies (Hrsg.) (1995): Verschieden und doch gleich. Schule und Geschlechterverhältnis in Ost und West. Verlag Klinkhardt: Bad Heilbrunn

Holzkamp, Christine; Hartmann; Jutta (1995): Sensibilisierung für das Geschlechterverhältnis – Erfahrungen und Erkenntnisse aus der LehrerInnenbildung. In: Marlies Hempel (Hrsg.): Verschieden und doch gleich. Schule und Geschlechterverhältnis in Ost und West. Verlag Klinkhardt: Bad Heilbrunn

Höyng, Stephan; Puchert, Ralf (1998): Verhinderung der beruflichen Gleichstellung. Kleine Verlag: Bielefeld

Ders. (2001): Lebensentwürfe von Jungen zwischen Vielfalt und alten Mustern. In: Petra Focks; Stephan Höyng: Geschlechterdifferenzierende Jungendarbeit als Querschnittsaufgabe. Nds. Modellprojekt Mädchen in der Jugendarbeit (Hrsg.): Up To Date, Mädchenarbeit präsentiert sich. Dokumentation der ersten landesweiten Messe zur Mädchenarbeit in Niedersachsen. Hannover, S. 78–80

Jugendwerk der deutschen Shell (Hrsg.) (2000): Jugend 2000. 13. Shell-Studie. Leske und Budrich: Opladen

Kagan, Jerome (2001): Die Natur des Kindes. Beltz Verlag: Weinheim und Basel

Karl, Holger (1996): Der ehrenhafte Abschied des Panzersoldaten. In: Elisabeth Glücks; Franz-Gerd Ottemeier-Glücks (Hrsg.): Geschlechtsbezogene Pädagogik. Votum Verlag: Münster, S. 133–154

Kasüschke, Dagmar: Ab mit den alten Zöpfen! Zur Problematik geschlechtsspezifischer Arbeit. In: Kindergarten heute 2/2001, S. 6–11; 3/2001, S. 38–40; 4/2001, S. 36–38; 5/2001, S. 32–34; 7/8 2001, S. 34–38; 10/2001, S. 32–35

Kavemann, Barbara (1999): Nein sagen ist nicht genug. Gesellschaftliche Strategien gegen sexualisierte Gewalt gegen Mädchen und Frauen. In: Roswitha Burchart-Harms; Judith Burkhard; Petra Focks; Andreas Lob-Hüdepohl: „Alter Zopf und neue Hüte". Geschlechtsdifferenzierte Pädagogik in der Jugendhilfe. Stand und Perspektiven. Katholische Fachhochschule: Berlin, S. 22–32

Kehlenbeck, Corinna (1996): Auf der Suche nach der abenteuerlichen Heldin. Campus Verlag: Frankfurt und New York

King, Vera (2000): Entwürfe von Männlichkeit in der Adoleszenz. In: Hans Bosse; Vera King (Hrsg.): Männlichkeitsentwürfe. Campus Verlag: Frankfurt und New York, S. 92 -108

Klees-Möller, Renate (1998): Mädchen in Kindertageseinrichtungen. Herausgeber: Deutsches Rotes Kreuz, Landesverband Nordrhein e. V. Düsseldorf

Klein, Lothar; Vogt, Herbert (1998): Pädagogik in Kindertageseinrichtungen. Entdeckendes Lernen oder „Vom Hunger nach Leben". Herder Verlag: Freiburg

Knapp, Gudrun-Axeli (1988): Das Konzept „weibliches Arbeitsvermögen" – theoriegeleitete Zugänge, Irrwege, Perspektiven. In: Frauenforschung, Jg. 6, H. 4, S. 8–19

Kolip, Petra (2000): Riskierte Körper. In: Bettina Dausien, Martina Hermann, Mechthild Dechsle, Martina Schmerl, Martina Stein-Hilbers (Hrsg.): Erkenntnisprojekt Geschlecht. Leske und Budrich: Opladen, S. 291–303

Landeshauptstadt München (Hrsg.) (2000): Qualität für Kinder. Lebenswelten von Mädchen und Jungen in Kindertagesstätten. München

Lemmermöhle, Doris; Fischer, Dietlind; Klika, Dorle; Schlüter, Anne (Hrsg.) (2000): Lesarten des Geschlechts. Leske und Budrich: Opladen

Lob-Hüdepohl, Andreas: Die Normativität des Faktischen. Lebensentwürfe von Männern. Unveröffentlichtes Manuskript i. E.

Lorber, Judith (1999): Gender Paradoxien. Leske und Budrich Verlag: Opladen

Maihofer, Andrea (1995): Geschlecht als Existenzweise. Ulrike Helmer Verlag: Frankfurt am Main

Metz-Göckel, Sigrid; Nyssen, Elke (1990): Frauen leben Widersprüche. Zwischenbilanz der Frauenforschung. Beltz Verlag: Weinheim und Basel

Möhlke, Gabriele; Reiter, Gabi (1995): Feministische Mädchenarbeit. Votum Verlag: Münster

Mühlen-Achs, Gitta (1998): Geschlecht bewusst gemacht. Körpersprachliche Inszenierungen. Ein Bilder- und Arbeitsbuch. Frauenoffensive. München

Müller, Helga (1992): Die Scheu der Erzieherinnen vor der Technik. In: TPS 6/1992, S. 333 ff.

Nissen, Ursula (1998): Kindheit, Geschlecht und Raum. Juventa Verlag: Weinheim und München

Permien, Hanna; Frank, Kerstin (1995): Schöne Mädchen – starke Jungen? Gleichberechtigung: (k)ein Thema in Kindertageseinrichtungen für Schulkinder. Lambertus-Verlag: Freiburg

Popp, Ulrike (1993): Berufskarriere, Familiengründung, Zukunftsplanung von Oberstufenschülerinnen und -schülern. In: Pädagogik 4/93

Dies. (1997): Berufliche und private Lebensentwürfe männlicher und weiblicher Jugendlicher im zeitlichen Verlauf. In: Deutsche Jugend, 45, Jg. 1997, Heft 4

Preissing, Christa; Best, Edeltraut u. a. (1985): Mädchen in Erziehungseinrichtungen: Erziehung zur Unauffälligkeit. Alltag und Biographie von Mädchen Bd. 10. Hrsg. von der Sachverständigenkomission Sechster Jugendbericht. Leske und Budrich Verlag: Opladen

Prengel, Annedore (1996): Perspektiven der feministischen Pädagogik in der Erziehung von Mädchen und Jungen. In: Elisabeth Glücks, Franz-Gerd Ottemeier-Glücks (Hrsg.): Geschlechtsbezogene Pädagogik. Votum Verlag: Münster, S. 62–76

Rabe-Kleberg, Ursula (1993): Verantwortlichkeit und Macht. Kleine Verlag: Bielfeld

Dies. (1995): Öffentliche Kindererziehung: Kinderkrippe, Kindergarten, Hort. In: Krüger, Heinz-Hermann; Rauschenbach, Thomas (Hrsg.): Einführung in die Arbeitsfelder der Erziehungswissenschaft. Leske und Budrich: Opladen, S. 89–195

Rieger, Renate (Hrsg.) (1993): Der widerspenstigen Lähmung. Campus Verlag: Franfurt am Main / New York

Rohrmann, Tim; Thoma, Peter (1998): Jungen in Kindertagesstätten. Handbuch zur geschlechtsbezogenen Pädagogik. Lambertus Verlag: Freiburg im Breisgau

Ders. (2001): Gesundheitsförderung von Jungen in Kindertageseinrichtungen. KiTa aktuell MO. Nr. 7/8. S. 148

Rolff, Hans-Günter; Zimmermann; Peter (1997): Kindheit im Wandel. 5. Auflage. Beltz Verlag: Weinheim und Basel

Rommelspacher, Birgit (1999): Macht und Ohnmacht von Mädchen und Frauen. In: die Füchsin, Abt. Jugend und Schule, Jugend und Familienförderung, Bezirksamt Reinickendorf von Berlin (Hrsg.): Dokumentation der 1. Fachtagung zur Förderung von Mädchen und jungen Frauen im Bezirk Reinickendorf. Berlin, S. 31–35

Dies. (1995): Dominanzkultur. Texte zur Fremdheit. Orlanda Verlag: Berlin

Rose, Lotte (1995): Raus aus dem Haus. In: Wannseeheim für Jugendarbeit e.V. (Hrsg.): Weiblichkeit als Chance. Berlin, S. 65–78

Schmerl, Christiane (2000): Wann werden Weiber zu Hyänen? Weibliche Aggressionen aus psychologisch-feministischer Sicht. In: Bettina Dausien,

Monika Herrmann, Mechthild Oechsle, Christiane Schmerl, Marlene Stein-Hilbers (Hrsg.): Erkenntisprojekt Geschlecht. Leske und Budrich: Opladen, S. 197–215

Seidenspinner, Gerlinde u. a. (1996): Junge Frauen heute – wie sie leben, was sie anders machen. Leske und Budrich: Opladen

Simon, Andrea; Eichelkraut, Rita; Baugert Sabine (Hrsg.) (1997): Wie Gummibärchen fliegen lernen. AOL-Verlag: Lichtenau

Studienschwerpunkt Frauenforschung (Hrsg.) (1989): Mittäterschaft und Entdeckungslust. Orlanda Verlag: Berlin

Tatschmurat, Carmen (1996): Feministisch orientierte Soziale Arbeit: Parteilich handeln, dekonstruktivistisch denken? In: Tilly Miller; Carmen Tatschmurat (Hrsg.): Soziale Arbeit mit Frauen und Mädchen. Enke Verlag: Stuttgart, S. 9–29

Thiesen, Peter (2001): Wahrnehmen, Beobachten Experimentieren. Beltz Verlag: Weinheim und Basel

Thürmer-Rohr, Christina (1987): Mittäterschaft und Entdeckungslust. Orlanda Verlag: Berlin

Verlinden, Martin (1995): Mädchen und Jungen im Kindergarten, 2. Auflage Köln

Villa, Paula-Irene (2001): Soziale Konstruktion: Wie Geschlecht gemacht wird. In: Sabine Hark (Hrsg.): Diskontinuitäten: Feministische Theorie. Leske und Budrich: Opladen, S. 17–23

Wallner, Claudia (1997): Feministische Mädchenarbeit im Dilemma zwischen Differenz und Integration. In: ISA Münster (Hrsg.): Jahrbuch der Sozialen Arbeit. Votum Verlag: Münster

Winter, Reinhard (1999): Typisch Mädchen – typisch Junge (II). In: Roswitha Burchart-Harms; Judith Burkhard; Petra Focks; Andreas Lob-Hüdepohl (Hrsg.): „Alter Zopf und neue Hüte" Geschlechterdifferenzierende Pädagogik in der Jungedhilfe. Katholische Fachhochschule Berlin, S. 12–21

Wolf, Christa (1978): Vorwort zu Maxie Wander: Guten Morgen, du Schöne. Frauen in der DDR. Protokolle. Luchterhand Verlag: Darmstadt/Neuwied

Dies. (1993): Kindheitsmuster. 5. Auflage. Deutscher Taschenbuch Verlag: München

Zeiher, Helga; Büchner, Peter; Zinnecker, Jürgen (Hrsg.) (1996): Kinder als Außenseiter. Juventa Verlag: Weinheim und München

Zwick, Michaela; Renn, Ortwin (2000): Die Attraktivität von technischen und ingenieurwissenschaftlichen fächern bei der Berufswahl junger Frauen und Männer. Herausgegeben von der Akademie für Technikfolgenabschätzung Baden Württemberg. Eigenverlag: Stuttgart

# *Praktische Leitfäden*

Monika Böder
**Das erste Jahr im Kindergarten**
Anregungen und Hilfen
144 Seiten, kartoniert
ISBN 3-451-27088-9

Monika Bröder / Ulrike Hilbich
**Das letzte Jahr im Kindergarten**
Entwicklungsgerecht begleiten
176 Seiten, kartoniert
ISBN 3-451-27025-0

Heidrun Bründel
**Wann ist ein Kind schulfähig?**
Ein praktischer Leitfaden für Erzieherinnen
144 Seiten, kartoniert
ISBN 3-451-27500-7

Thomas Ebers / Markus Melchers
**Wie kommen die Bäume in den Wald?**
Praktisches Philosophieren mit Kindern
160 Seiten, kartoniert
ISBN 3-451-27636-4

Gertrud Ennulat
**Kinder in ihrer Trauer begleiten**
Ein Leitfaden für ErzieherInnen
176 Seiten, kartoniert
ISBN 3-451-26613-X

Helga Fischer
**Teamarbeit im Kindergarten**
Dienstbesprechungen und Planung
- erfolgreiche Beispiele für die Praxis
144 Seiten, kartoniert
ISBN 3-451-26728-4

 In Ihrer Buchhandlung erhältlich! **HERDER**

# *Praktische Leitfäden*

Gabriele Haug-Schnabel
**Aggressionen im Kindergarten**
160 Seiten, kartoniert
ISBN 3-451-26911-2

Gabriele Haug-Schnabel /
Barbara Schmid-Steinbrunner
**Suchtprävention im Kindergarten**
So helfen Sie Kindern stark zu werden
176 Seiten, kartoniert
ISBN 3-451-27294-6

Lothar Klein
**Mit Kindern Regeln finden**
170 Seiten, kartoniert
ISBN 3-451-27311-X

Armin Krenz
**Wie Kinder Werte erfahren**
Wertevermittlung und Umgangskultur
in der Elementarpädagogik
176 Seiten, kartoniert
ISBN 3-451-26504-4

Erich Lutz / Michael Netscher
**Kindergärten der Zukunft**
Erfahrungsberichte aus ökologischen
Modellprojekten
192 Seiten, Pappband mit zahlreichen Fotos
ISBN 3-451-27639-9

Esther Elisabeth Schütz /
Theo Kimmich
**Körper und Sexualität**
Entdecken, verstehen, sinnlich vermitteln
192 Seiten, Pappband
ISBN 3-451-27640-2

 In Ihrer Buchhandlung erhältlich! **HERDER**

# *Profile und Konzepte*

Dietmar Böhm / Regine Böhm / Birgit Deiss-Niethammer
**Handbuch Interkulturelles Lernen**
Theorie und Praxis für die Arbeit in Kindertageseinrichtungen
256 Seiten, gebunden
ISBN 3-451-27001-3

Petra Brandt
**Erlebnispädagogik**
Theorie und Projektideen
208 Seiten, kartoniert
ISBN 3-451-26786-1

Sigur Hebenstreit
**Kindzentrierte Kindergartenarbeit**
Grundlagen und Perspektiven in Konzeption und Planung
192 Seiten, kartoniert
ISBN 3-451-26909-0

Erika Kzemi-Veisari
**Partizipation - Hier entscheiden Kinder mit**
128 Seiten, kartoniert
ISBN 3-451-26615-6

Lothar Klein / Herbert Vogt
**Freinet Pädagogik in Kindertageseinrichtungen**
Entdeckendes Lernen oder „Vom Hunger nach Leben"
144 Seiten, kartoniert
ISBN 3-451-26354-8

Armin Krenz
**Der „Situationsorientierte Ansatz"
im Kindergarten**
Grundlagen und Praxis
144 Seiten, kartoniert
ISBN 3-451-26733-0

In Ihrer Buchhandlung erhältlich!   **HERDER**

# *Medien*

Daniela Braun
**Lasst die Kinder an die Maus**
Wie Kinder in der Kita mit Computern umgehen
144 Seiten, 16 farbige Seiten, kartoniert
ISBN 3-451-27241-5

Sylvia Näger
**Kreative Medienerziehung im Kindergarten**
Ideen-Vorschläge-Beispiele
160 Seiten, kartoniert
ISBN 3-451-26763-2

# *Wahrnehmung*

Volker Friebel
**Wie Stille zum Erlebnis wird**
Sinnes- und Entspannungsübungen
im Kindergarten
128 Seiten, kartoniert
ISBN 3-451-26775-6

Renate Zimmer
**Handbuch der Sinneswahrnehmung**
Grundlagen einer ganzheitlichen Erziehung
224 Seiten, gebunden
ISBN 3-451-26905-8

Renate Zimmer
**Sinneswekstatt**
Projekte zum ganzheitlichen Leben und
Lernen
192 Seiten, kartoniert
ISBN 3-451-26976-7

In Ihrer Buchhandlung erhältlich!   **HERDER**